抱住棒棒的自己

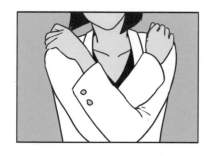

和情緒對話，與焦慮和解，你也可以從自我中獲得力量

| 22 個心理諮詢案例漫畫 |

徐慢慢心理話／著繪

武志紅／監製

【序】心靈的事，慢慢來

　　非常開心，我們平台的虛擬形象心理諮詢師徐慢慢，終於要出書了。

　　徐慢慢的漫畫非常成功，吸引了上百萬的讀者，相信你只要讀上其中兩三個故事，就會體會到其魅力。

為什麼要以漫畫為載體

　　多年前，剛開始營運網路通訊帳號時，我就很希望我們能有一個漫畫團隊，用漫畫來講心理學。

　　之所以這樣想，是因為我深深地知道，圖像更有力量。

　　為什麼這麼說呢？

　　這要講到佛洛伊德的一個理論。請注意，不是徐慢慢的那只貓"佛洛伊德"，而是真實的"老佛爺"——心理學家佛洛伊德。

　　佛洛伊德說，我們有兩個思維系統：一個是初級思維過程，它的語言是圖像；一個是次級思維過程，它的語言是文字。

　　從成長角度而言，人的心智需要從初級思維過程進入次級思維過程，這樣才能進行抽象的思考。

　　但這也導致了一個問題：次級思維過程太好用，我們容易過度使用它，但次級思維過程是缺乏創造力的，創造力主要藏在初級思維過程中，也就是圖像中。

　　所以，深具創造性的人在思考時，都會有意無意地使用圖像。

　　例如，愛因斯坦的各種偉大發現，並非是公式性的推導，相反，是非常視覺性的思考。

我是超級攝影發燒友，買了很多昂貴的攝影器材，這是想沉浸在以圖像為主的初級思維過程之中。

如果你學習過心理諮詢就會知道，在諮詢中，當來訪者呈現重要的 "意象"，這就是非常值得探討的案例。

也就是說，用圖畫來呈現案例，講述故事，會比用文字來得更真實、更療癒、更直達人心。

"徐慢慢" 漫畫團隊的組成

不過，從文字到圖像，事情會變得複雜很多。

像打字這種事，一個人可以全盤搞定，但如果要用圖像來表達，哪怕只是漫畫這種相對比較簡單的圖像，也需要一個團隊的配合。

我們現在有一個小小的漫畫團隊，叫 "徐慢慢心理話"。他們探討了各種心理學理論，記錄了很多諮詢案例，和我們工作室的諮詢師們共同創造出了徐慢慢，通過徐慢慢的視角去觀察社會焦點，用徐慢慢的口吻來講述大家的故事。

他們探討的議題，有人類永恆關注的 "愛" 和 "恐懼"，也有新時代的競爭焦慮，比如 "優秀" 和 "躺平"。

當然，也有我們這個社會一直面臨著的議題，也是我一再強調的議題——活出自己，成為自己。

前面我提到，圖像更需要創造力，而創造力並不是天馬行空的想像力，它首先是一種真實。

所以圍繞著徐慢慢的這一切——無論是名字、人物、世界，還是案例素材等，都是漫畫團隊的小夥伴們所瞭解到的真實事物。

這種真實，首先打動了他們的潛意識，然後才能觸動這麼多讀者的潛意識。

我常常受不了一些國產影視劇，因為其中有兩個問題：情感不對，邏輯不對。看著看著就會產生一種 "浮著" 的不踏實感。以我的瞭解，有不少創作者經常誤以為那些故事可以任意揉捏。其實不是，好的故事，必須來自真實。

我們漫畫團隊的小夥伴們，在集體創作的時候，就一直秉承這個宗旨——真實。

故事要真實，道理也不能瞎編，全部來自那些資深的諮詢師、著名的學者乃至心理學大師們。

所以你看，"徐慢慢心理話"呈現出來的一個又一個故事，都有著基本的結構：一個故事，一個道理。這個故事真實地發生了，這個道理也有非常可靠的講述者。

也就是說，我們這個創作團隊，並非是從自己的頭腦中生出這些故事，而更像是一個管道，在真誠地傳輸一些普遍的、共同的人性。

從這個意義上講，也可以說，創造來自皈依。

徐慢慢，作為這個時代的一名諮詢師，她面對的來訪者的困擾，也是這個時代最經典的那些議題。

例如：卓越強迫症和強大恐懼症。這也是我提出的一對概念。

所謂卓越強迫症，是"不優秀不配活"，這幾乎是我們文化中所有人都會面臨的一個問題。我們中很多人從小就被教育：你必須成為一個無比卓越的人，才有價值；只有第一名，才有意義。

在卓越強迫症的驅趕下，絕大多數人都在朝前跑，都在拼命努力，我們也因此成了世界上最勤勞的族群。

然而，與此同時，我們又有強大恐懼症，即，當我們真的變得強大時，內心又會充滿恐懼。

因為強大的人會被嫉妒。我們有很多類似的說法，"槍打出頭鳥"、"木秀于林，風必摧之"、"出頭的橡子先爛"等等。

卓越強迫症和強大恐懼症的交互作用，讓我們多數人變得很彆扭、很糾結。

儘管我們已經很努力了，最後卻發現，既沒有變得足夠優秀，又無法活出自己，對自己缺乏基本的接納。

這些問題，普遍能在徐慢慢的來訪者身上看到。同時，在徐慢慢自己身上也可以看到。

徐慢慢想跟大家分享什麼

我們的漫畫團隊，給徐慢慢建構了一個可愛、溫馨的小世界：

佛系的老公老趙，活潑的兒子小航，一隻叫"佛洛伊德"的貓，以及它的孩子，一隻叫"為什麼鴨"的小鴨子。

徐慢慢有自己的情結，有自己的諮詢師，在這個可愛、溫馨的小世界的支持和包容下，她也在一步步成長，一點點接納自己。同時，她也在幫助諸多的來訪者學習接納自己。

焦慮，是我們這個族群共同的問題，而相應地，接納自己，也是我們都需要學習的。

相信我，在你讀了兩三個徐慢慢的故事後，你會感受到一種自我接納的力量。

也許，你還會像她的名字一樣，試著慢下來一些。

快，能製造效率，然而慢下來，才能體驗到存在之美。

我們的社會和文化太重視效率了，然而生命這麼長，世界這麼大，我們的生命不能都用到"有用"的事物上，我們還要去敞開自己，去體驗生命，體驗存在之美。

當你能真正慢下來，體驗到存在之美後，你會發現，慢就是快。不能體驗到存在之美的快，就必然導致內卷。

著名心理學家申荷永老師說："心靈的事，慢慢來。"

這也是徐慢慢的漫畫，想傳遞給大家的。

願你能慢慢學會接納自己，體驗到存在之美。

人物介紹

徐慢慢

是一位貌美如花、勤勤懇懇的心理諮詢師,也
是一位成長中的媽媽和鏟屎官。
溫柔又堅定,感性且理智。努力和拖延並存。
希望能陪著你一起,慢慢向上。

老趙

徐慢慢的老公,工程師,兼職"家庭煮夫"。
隨便活著的一位男士,但其實大智若愚,
是徐慢慢的"精神充電站"。
目前是一名(常常空手而歸的)釣魚愛好者。

小航

慢慢和老趙的兒子,一個 9 歲小男孩。
活潑開朗,臉皮厚,
腦中裝著各種天馬行空的想法,
時常語出驚人。

佛洛伊德

一隻 4 歲的小肥公貓(已絕育)。
品種:銀漸層 + 橘黃串串
高冷,對人類不屑一顧,擁有不少"貓生"智慧。
後來因為一些意外,被迫練習當一個"男媽媽"。

目錄

PART1 情緒

PART3 親子關係

PART1　情緒

01

累了，就安心當個廢物吧
如何真正做到自我接納

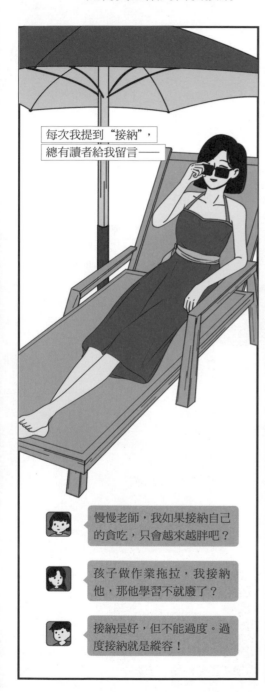

每次我提到 "接納"，
總有讀者給我留言——

慢慢老師，我如果接納自己
的貪吃，只會越來越胖吧？

孩子做作業拖拉，我接納
他，那他學習不就廢了？

接納是好，但不能過度。過
度接納就是縱容！

我們總是下意識相信：
批評使人進步，接納使人懈怠，
即使接納了，也不能過度。

真的是這樣嗎？
我想先講一個來訪者的故事。

我認識她的時候，
她正遭受著人生重創。

我從來沒有想過，
這樣的事會發生在
我身上⋯⋯

4個月前，她剛生完二胎，還沒做完月子，就發現老公出軌了，還是孕期出軌。

事情敗露後，老公不僅沒有悔過，反而把錯推到她的身上。

我也不想出軌啊，可是你把全部心思都放在瑣事和孩子身上，根本不關心我。

在一起這8年，你變太多了，我喜歡的是以前那個有品位、懂浪漫的你。

在我事業困難的時候，是她一直在幫我，而你又不懂。

後來他乾脆玩失蹤，不管兩個孩子，還捲走了幾百萬家產。

那段時間，她要忙著找證據打官司，根本沒法陪伴兩個孩子，急了還會發脾氣。

每次看到孩子失望又害怕的眼神，她都特別自責。

孩子失去了父愛，
我還兇他們，我
真是個壞媽媽。

那個女人沒我年輕沒
我漂亮，卻還是把他
勾走了，我真差勁。

我以前多優秀啊，
現在怎麼變成這樣
了？可悲！

在外被生活暴擊 N 次，
回家還要把自己痛罵一頓。

在這樣的 "裡外夾攻" 下，她患上了
憂鬱症。

她這樣苛責、虐待自己，朋友們
實在看不下去，一有空就來陪她，
一起痛罵渣男；

帶她去逛街、旅遊，去吃喝玩樂，
享受久違的 "單身生活"。

先接納自己的情緒，
你現在需要休息。

是啊是啊，休息好了才
有精力想工作和孩子的
事呀！

一開始，她覺得終於可以透透氣
了。可是放鬆幾次之後，她又陷
入了焦慮。

於是她來向我求助了。

慢慢老師，我都休息大半個月了，怎麼還沒好？

怎麼回事呢？

他們都讓我對自己好點，接納自己的情緒，我都照做了呀！

我至少能振作一點吧？

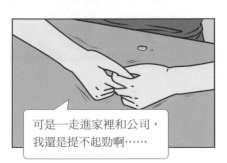

可是一走進家裡和公司，我還是提不起勁啊……

不要急哦，慢慢來。

怎麼不急，到底得放鬆多久才夠呢？我總不能天天不上班不帶孩子啊……

她反覆跟我強調，她現在的人生一塌糊塗，根本沒有那麼多時間可以休息。

不逼自己快點去收拾殘局，只會讓局面更糟糕。

接納自己的這個度，要怎麼把握呢？

接納其實沒有"程度"一說。

那怎麼行？一直接納，就會一直懈怠下去了啊……

接納自己，一定會懈怠嗎？

會吧。

那你逼自己的時候，會感覺好一點嗎？

好像也沒有……

比如這個來訪者。

積極心理學家喬納森·海特曾經提出一個有趣的概念叫"情緒大象"。

他說：人的情感就像一頭大象，而理智就像一個騎象人。

她的"情緒大象"正背負著被背叛的憤怒、被拋棄的恐懼和離婚的挫敗，需要時間休息和療傷。

"騎象人"卻不管這些。

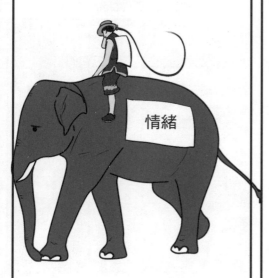

情緒

一心想著我要趕緊工作賺錢，我要彌補孩子，急著揚起鞭子，驅趕大象負重前行。

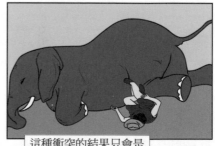

我們常常誤以為，騎象人可以指揮大象，其實不然，大象的力量，比騎象人的大得多了。

這種衝突的結果只會是"人仰象翻"。

"情緒大象"只能被愛觸動。
只有好好接納大象的情緒，安撫它，
傾聽它，它才有動力邁開步伐。

至於她問我的自我接納的"度"在哪裡，
只要提到"度"，就不是真正的接納。

她一邊做著各種"接納自己"的事：
給自己放假，讓自己休息；

一邊給自己設限，要求自己在規定
時間內好起來。

這就像對"情緒大象"說：
你一次不走，兩次不走，我忍你，
可第三次你還不走，我就揚鞭抽
你了。

可是"情緒大象"聽不懂威脅，
它只會更煩躁，更不願意前行。

你看，自我接納，不是具體做什麼
事情，而是一種允許的心態：

我願意去承認自己的局限性，
也願意給自己足夠的空間和時間。

這個來訪者，後來回老家休息了一段時間。

她的爸媽從小就很寵愛她。
這次重回爸媽的懷抱，被爸媽好好照顧，她終於卸下一身重擔。

累了就回家，待多久都行。

無論她想哭，想鬧，想偷懶，想逃避，爸媽都會跟她說："你可以。"

他們無條件地接納她這個 30 多歲的大孩子，她也開始理解自己，放過自己。

"情緒大象" 得到充分的安撫之後，她終於找到了重新開始的動力。

這一次，無論是陪伴孩子，還是工作賺錢，她都不再想急於擺脫現在糟糕的自己。

簡訊

1067XXXXXXX

您好魏女士，恭喜您成功被我司錄用……

也不是為了證明給別人看，自己並不差勁。

而是她開始相信：
自己值得擁有更好的生活，
也有能力創造它。

故事講到這裡，我想起有一次講完
"不要改造別人／自己"的故事，
也有很多讀者問我：

"不改造怎麼行？一味包容只會讓
人不思進取、頹喪到底。"

我想說，真正的接納，是不會
寵壞人的。

相反，當一個人不被逼迫、不被設限，
而是被無條件地接納時，他／她自然
能感知到接納背後的愛和期待。

有了愛和期待，
剩下的就安心交給時間吧。

無論如何，我都會在這裡陪你們一起，
慢慢向上。

每次我提到"自我接納"，總有人問我："慢慢老師，自我接納會不會導致自我放棄？"

大家之所以會有這種擔心，是因為我們總是被教育"批評使人進步"，每次出狀況，我們總是本能地採取自我攻擊的方式，罵自己一頓。

這樣真的管用嗎？

很多心理研究早就告訴我們：沒用。

一方面，**我們有意識地壓抑消極情緒、自我批判，只會讓情緒更加強化。**只有無條件的自我關懷，才能縮短消極情緒的持續時間，讓我們獲得足夠的力量"重啟"。

另一方面，**自我批判的人其實更容易認輸放棄。**每次他們犯錯或失敗，都會嚴厲地攻擊和批評自己。久而久之，為了避免受到這種攻擊，他們一遇到挑戰，更容易舉手投降。

相反，能自我接納、能充分理解自己局限性的人，即使跌倒了，也對自己重新站起來懷有足夠的信心，願意多次嘗試，多次挑戰。

但如果，**你現在還習慣用"批評自己"的方式去取得進步，我也希望，你願意接納這個"不接納"的自己。**

你的一舉一動，背後都有一些情緒需求，等著你去發現。

越想改變，問題就越頑固
如何面對自我調節時的對抗心理

最近，我一直在學習李松蔚老師"未來世界生存法則"的課程。看到一個很有意思的案例：

有一個學員，這段時間總是失眠。為了讓自己睡著，她想了各種辦法。

戒茶戒咖啡、運動泡腳、聽白噪音輕音樂，都沒什麼效果。

去看醫生，醫生也沒檢查出她身體有什麼問題，只能給她開一些安眠藥。

你身體沒什麼問題，不用太焦慮。

睡是睡著了，可是第二天她完全提不起勁，很影響工作。

她很苦惱，跑去請教李松蔚老師。李老師告訴她三個字：別睡了。

既然睡不著，那不如起來讀書、工作、追劇，就當多了一段自由支配的時間。

學員聽完，覺得不可思議：

怎麼行？我想快點睡著，您卻讓我別睡了，這根本沒解決問題呀！

這完全是反著的！

反著就對了。正因為你一直想睡著，人很緊張，反而更容易失眠。

確實，一般來說幾天不睡覺，身體都會熬不住。如果一直失眠，可能是我們自己在"作怪"。

萬事萬物都在變，問題也一樣。正如李老師說的：

如果有一個問題一成不變，或許是你做了什麼，才維持著這個問題的存在。

在我們家，也有一個存在了二十多年的問題：我弟弟從小不講話，特別內向。

他很少跟我們玩鬧，從不分享學校裡的趣事和糗事。

即使家裡來了客人，他也一聲不吭，不叫人，不接話。

家裡的長輩為此很苦惱。

還是性格有問題？

這孩子會不會大舌頭啊？

是跟家裡人不親嗎？

還是膽子太小，要多鼓勵他開口？

大家想了各種方法。

送他去上演講課，練口語，練膽量。

帶他去醫院檢查，排除心理和性格的問題。

帶他出去玩，逗他開心，想跟他親近一些。

還經常在各種家庭聚會上讓他講話，表演節目。

所有辦法都試了，弟弟不僅沒有變得話多一些，反而越來越內向，越來越安靜。

我爸被惹怒了，衝著他發了脾氣。

你成天死氣沉沉給誰看啊？屁都不放一個，你是啞巴嗎？

被罵了幾次後，弟弟一回家就把自己鎖在房間裡，別說聽他講話了，面都見不著。

我也一直以為，可能弟弟就是天生話少內向的人吧。

直到他上了大學，有一次我跟他的同學聊天，才發現——

姐，你知道小南有女朋友嗎？跟我們同班的哦。

真的嗎？他話這麼少，怎麼討女孩子歡心呀？

話少？不是吧，他超級開朗的啊！還很會撩女孩子呢，哈哈哈。

我又問了幾個同學，才真的相信，

原來弟弟不在家裡時很外向，很能聊，很開朗，完全不是我認識的樣子。

我想，對他來說，這20多年裡，在家忍住不講話並不是一件容易事吧？

正是家裡長輩為了解決"他不說話"這個問題所做的一切，壓迫得他更不願意開口。

這種對抗心理，是維持問題存在最大的驅動力，讓這個"問題"維持了整整20多年。

說不說話是我的自由啊！

我為什麼要為了滿足你們而說話呢？

你們逼我說，我偏不說！

很多時候，當我們把問題當成固定不變的，總想著"我必須做點什麼，這個問題才能解決"，這反而維持了這個問題，讓它得以一直存在。

不少讀者和來訪者經常有這樣的困惑：

孩子做作業好拖拉，不論我怎麼催、怎麼盯都沒用。

我好胖啊，一直想減肥，可總是管不住嘴，餓幾天又大吃大喝。

老公不愛做家務，我說他他還不樂意，直接當不管戶長。

"為什麼越想改變，這種對抗就越明顯？"

其實，這種對抗無處不在。仔細想想，我們也常常是對著做的那一個。

本來準備去看書，老師一嘮叨"還不快去看書"，瞬間就沒了動力。

快去看書！

不，我不看！

本來沒想賴床，父母一罵我們懶、催我們起床，立刻想多睡一會兒。

快起床！

不，我不起！

本來不捨得買新口紅，老公一說"別老是亂花錢"，馬上下單。

別亂花錢！

不，我就花！

這就有點像拔河，
當我們越用力，想把對方拉過
來，對方下意識地也會更加使
勁，把繩子拉回去。

我的回答是：
不是不做，而是換個方向做。

與其把精力消耗在關係裡的
對抗上，

在這種拉扯中，
我們永遠處在兩個對立的陣營，
無法達成共識，問題也就一直存在。

不如把繩子丟掉，走向對方，
和對方站在一起，用合作的心
態，一起去面對問題。

我猜，可能有人會問：
那我什麼都不做，問題就能解決了嗎？

有一位讀者，每次輔導作業，
她的孩子總會做錯很多題。

她被氣到高血壓，孩子也一晚上
哭哭啼啼。作業幾乎成了家裡的
"定時炸彈"。

後來，她心平氣和地找孩子聊了聊，
才知道，原來孩子討厭被人盯著寫作業。

越盯越緊張，越緊張越會出錯，一出
錯媽媽就擔心，就盯得越緊，簡直就
是一個惡性循環啊。

為了擺脫"作業恐懼"，
她決定和孩子合作。

媽媽以後不盯著你寫作業，
那你也要答應媽媽，在學校
認真聽講，可以嗎？

好。

開始幾次，沒有了媽媽的輔導，孩子
做錯的題確實更多了。但媽媽履行了
"合作約定"，一直忍住沒說她。

慢慢地，她發現孩子做作業越來越自
覺，雖然偶爾還是會被老師說，但相
比從前，她真的讓人放心了不少。

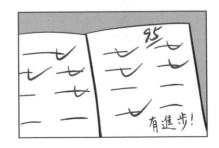

你看，放棄對抗，不是放任自流，
而是就"做不到"背後的原因達成共情。
理解了這些情緒，再去解決問題就會
順暢很多。

就像開頭講到的那個失眠女學員，
聽了李老師的建議，她不再強迫自
己一定要睡著。

既然沒睡意，那就起床工作，把第
二天的任務完成了大半。

第二天上班還可以摸摸魚，偷偷懶。
這讓她體會到一種奇妙的成就感。

所以，那天晚上她還想熬夜，
提前把工作做完，卻發現"身不由己"，
早早就睏了，只能去睡覺。

放棄和"睡不著的自己"對抗後，
失眠這個問題，
似乎就慢慢地消失了。

你看，有時候真的是
"關心則亂"。

其實，在不被干擾、不被攻擊的情況下，
我相信，每個人都有積極向上的主動性。

包括他們，也包括你自己。

在諮詢的過程中，我經常會遇到這種情況：來訪者越想改變，越想解決問題，這個問題就越頑固。

孩子不愛學習，伴侶不做家務，自己不求上進……當我們把這些當成“固定不變”的問題，非得去做點什麼，去推動它被解決時，常常會感受到一股莫名強大的阻力。

為什麼會有這種阻力呢？

心理學家保羅·瓦茨拉維克有一個觀點：改變分第一序列和第二序列。問題，是第一序列；而應對問題的方式，是第二序列。

很多時候，我們的改變只停留在第一序列，只盯著“問題”去解決，就忽略了我們解決問題的方式，反而讓問題一直存在著。比如，孩子不愛學習、伴侶不做家務，我們用催促的方式去解決這個問題；但正因為我們的“催促”破壞了對方的主動性，才讓問題一直存在。

下次遇到問題，可以不用急著去解決它，而是問問自己：比起跟問題硬碰硬，還有什麼更柔軟、更易於被接納的應對方式呢？

03 "丈夫出軌，孩子背叛，生病憂鬱"
如何走出難熬的至暗時刻

有人說逃避很可恥，但要我說，有時，逃避反而更好。

今天想和你分享一個關於"逃避"的故事。

我的表姐，慧慧，2017 年的時候離婚了。

離婚原因，是她發現丈夫出軌了，對象是丈夫公司的助理。

兩年時間裡，他不動聲色地給小三買包送車，還給她買了套小公寓。

比這更讓慧慧難受的是，

8 歲的女兒小毓早就發現爸爸出軌，卻沒跟她說。

原來，前夫常和助理一起接孩子放學，

一開始還遮遮掩掩，藉口說是搭便車，
後來在她面前表現得越來越親呢。

甚至有一次，孩子提前放學，
看到了他倆在車上摟摟抱抱。

這些事，小毓全看在眼裡，
卻不敢告訴她。
直到後來，小毓才偷偷跟外婆講。

孩子的知情不報，讓她覺得被"背叛"，
覺得自己簡直是世上最糟糕的母親。

每天吃飯、睡覺都是我陪
著，對她的照顧，已經可
以說是無微不至了……

她居然還這
樣對我。

兩年多了，一直被他們父女倆蒙在
鼓裡，感覺自己像個笑話一樣……

小毓的撫養權最後判給了她，
但一開始，她倆相處時總會很尷尬。

其實她也清楚，真正該恨的是前夫，
所以她也努力和孩子親近，但……

每次一靠近女兒，我就想起
她的"背叛"，想起他們三人
在車上歡聲笑語的樣子，我
就覺得難受、想吐。

她甚至還連續做同樣一個噩夢。
夢裡一家三口，其樂融融，
但女主人卻不是她。

每次驚醒後，她的枕頭都被淚水打濕，
她的後背全是冷汗。

那段時間，仿佛是她人生的至暗
時刻。醫生診斷她是輕度憂鬱症，
給她開了一些藥物。

有能力的話可
以出去走走，
散散心吧。

走出診室門口時，"逃"
的念頭在她心裡產生。

她跟我說："我不能再這樣下去了。"

"我必須離開這個家，
暫時和女兒保持距離。"

於是她辭掉了工作，
把孩子交給她父母帶。
拿出了積蓄，打點好了一切事情。

離婚後第 37 天，
她買了去衣索比亞的單程機票。

在東非，
她從衣索比亞一路向南，
遊遍了 7 個國家。

她記錄了肯亞的日出日落、厄立特
里亞草原上的獅子追逐、盧旺達國
家公園薄霧籠罩的山谷。

她在坦尚尼亞幫難民接
生，也在索馬里見到了
傳說中的海盜船。

去坎帕拉的時候，她還成了當地
中學的老師，用不太熟練的英語
教了孩子們一個多月數學課。

她還結交了一個同為義教老師的朋友——米婭。
米婭也是個單親媽媽，她跟慧慧說：

> After my divorce, I feel like my
> life is just beginning.（離婚後，
> 感覺我的人生才剛剛開始。）

> You will be, too.
> （你也會是這樣的。）

東非之旅第 103 天，
站在奈洛比的民宿陽台上看星空時，
她在朋友圈裡寫道：

 慧慧
很奇怪，出發前那些憤怒、悲傷、
怨恨、自責的情緒，現在都像被
稀釋了一樣。

半年後，她回了國。

搬家、找工作，做好了一切準備，
終於把孩子接了回來。

這場"逃亡"，在新生活拉開帷
幕後，畫下了句點。

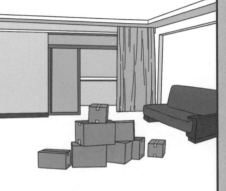

剛開始，慧慧還是不太想跟女兒說話，
她說自己總是會想到過去那些事。

直到有天吃完晚飯……

媽媽，對不起

那晚過後，她意識到——

大人有大人的局限性，
孩子有孩子的局限性。

遇到這種事，她一
個七八歲的孩子又
能怎樣呢？

她跟我說："孩子承受的未必比大
人少。大人還可以逃，孩子又該如
何排解呢？"

她逐漸地放下了恨意，兩人關係也有
所緩和。就在上週五，表姐發了一條
朋友圈。

 慧慧

內容是她在小毓學校的親子活動上，
兩人一起開心地唱唱跳跳的影片。

我想到她剛從非洲回來時和我說的話：

我在東非，把負面情緒徹
底釋放後，心裡才騰出很
多空間裝其他的情緒。

比如快樂、信
心、寬恕……

而那些困擾我很久
的問題，我好像也
看到了解決方法。

我想，關於這道母女關係的難題，
她已經慢慢地找到了一個最優解方。

故事到這裡就結束了。
回到最開始那個話題，其實我不是
在說逃避有多好，也不是鼓勵大家
遇到問題就繞路走。

而是建議大家，當你被情緒淹沒時，
可以先處理好情緒，再去解決問題。

我們總是習慣先去解決事情，
覺得問題處理好了，心情也就恢復了。

但其實，在洶湧的情緒面前，
我們的判斷和決策難免會被干擾。
我們可能會看不到問題的本質，
也會因為和情緒對抗產生內耗，
導致問題越來越嚴重。

就像慧慧後來跟我說的，
當時她也想過先去解決問題。

比如一起床就給自己加
油打氣，告訴自己要重
新開始生活。

比如硬著頭皮陪孩子去遊樂
園，想要和她變回以前一樣
親密。但是不行就是不行。

我越是逼自己面對生活，
生活越是一團糟。

越是逼自己原諒孩子，
我就越恨她。

如果我那時沒有逃，
情況一定會更糟。我
可能更憂鬱，也可能
一輩子都沒辦法真正
接受孩子。

所以你看，帶著情緒去解決問題時，
我們往往很難得到一個好的結果。

只有情緒被妥善安放好了，
我們才能更從容地去面對那些不容易。

表姐還跟我分享了一個經驗，
當情緒波動時，可以先找到一個"情緒
角落"，好好安撫自己。

我現在很煩心的時候，
會先去浴缸裡坐一坐，
泡個熱水澡。

說起來，我也有我的專屬角落，
就是窩在沙發上，
用一個下午的時間放空自己。

我的愛人老趙的"角落"就比較直男了。
他一般會叫上幾個朋友去籃球場
出一出汗。

而我的小助理，
則是請假在家睡大覺。

我們可以逃到這樣的角落裡，
好好休息，
看見和照顧自己的情緒。

在那之後，
再去從容地面對每個問題。

我們每個人都可能經歷特別難熬的時光，有時是生活上的重創，有時則是關係裡突發的問題。

　　你會發現，難熬的日子裡，最困擾自己的，往往是因為問題而產生的各種各樣的情緒。所以比起直接解決問題，我更建議你，先妥善地安放自己的情緒。就像《與真實的自己和解》裡提到的，學會用"同情"的心態對待自己：

　　"不去判斷自己的好壞，不去分析自己是否和他人一樣。

　　而是用一種憐憫的心態，理解和照顧情緒。

　　這種寬慰的方式，不會使我們自暴自棄；相反，當我們接納並允許自己的一切感受順其自然存在著時，我們更有力量對過往的傷痛進行療癒。"

　　所以你看，逃避有時並不可恥，它是一種靈活的方式，更是一種對自己的關懷。

04 "這麼不容易，你是怎麼扛過來的？"
每個人都是解決自己問題的專家

閨蜜菜菜曾經跟我分享過一個感悟。

更糟糕的是，她發現老公精神出軌了。

* 注：本文僅提供一個積極視角，需要危機干預的情況不在討論範圍內。

菜菜知道後，怕阿玲性格太軟弱會受欺負，也擔心她想不開，所以急得團團轉，給她提了很多建議。

她的大學同學阿玲，有段時間過得很煎熬。

直接離婚吧。

或者你先搬回娘家住。

遠嫁，孩子還很小，每天有做不完的家務，婆婆還總是數落她。

但阿玲還是無動於衷。

後來又一次談心，菜菜實在想不出
好辦法了，就問阿玲：

聽起來你好辛苦啊，能
跟我說說你是怎麼扛
過來的嗎？

這句話像是有神奇的作用，
以往無論菜菜怎麼勸，阿玲都默不作聲，
但這次她卻聊了很多東西──

剛知道老公在網路上曖昧聊天時，
她很長一段時間沒理他，
希望他意識到錯誤。

每次婆婆故意找碴，她都會去網路群組
裡發文，偶爾會有一兩個網友安慰她。

和婆婆大吵一架後，
現在還很生氣⋯⋯

特別不開心的時候，
她就把衣櫃裡的衣服拿出來重新疊，
享受整理和收納帶來的片刻平靜。

那天她們聊了兩個多小時。
阿玲說自己講完後，心裡舒坦了很多。

菜菜也很感慨，
原來那句簡單的"怎麼扛過來的"
比她給的任何建議都有效。

聽完她的感慨，我發現，
這是一個很好的啟示。

安慰別人的時候，比起跟他說"要去做什麼"，
不如問問他"已經做了什麼"。

就像李松蔚老師說的，當我們自己面對困難，
感到一籌莫展時，

比起焦慮"要做什麼"，
不如問問自己"我是怎麼扛過來的"。

我來給大家順一下，
它如何在兩個方面幫到我們。

第一，減少自我攻擊，增加自我關懷。

遇到棘手的問題時，
我們常常會著急地想：

接下來我該
怎麼辦？

這個時候，我們會下意識地否定過去所付
出的努力，甚至會攻擊自己，覺得是自己
的無能導致了如今的局面。

我以前也是這樣，剛畢業那段時間，找
工作時碰了很多次壁，就一直處於憂鬱
情緒裡。

我很想擺脫這種"病懨懨"的狀態，
但越是催促自己變好，去跑步運動，
就越是提不起力氣。

每到夜裡睡不著，
還會一遍遍地責怪自己。

懦弱。

一無是處。

這點事都
做不好。

直到諮詢師問我：

來諮詢室之前，你是
怎麼應對的呢？

我很納悶，說自己什麼都做不了。

嗯，那在家的這段時間，
你具體都做了什麼呢？可
以跟我說說嗎？

睡不著時會看貓咪的紀錄片，
一看就是幾個小時。

我上週五晚上，還找了一個朋友聊天。

嗯嗯，傾訴也很好。

最後她告訴我：

你看，你已經在用自己能想到的方式，悄悄地度過難關。

她的話讓我鼻子發酸，也讓我意識到自己並非真的一無是處。

後來，在面對人生每道困難的關卡時，我都會想起這句："你是怎麼應對的？"

然後告訴自己："我應該更溫柔地對待這個已經盡力了的自己。"

所以你看，當我們能看見自己的努力，自然也就能更體諒、關懷自己。

我要說的第二個好處，是當我們有了自
我關懷的力量，在平和的心態下，就可以
更清晰地看到手頭上的"資源"。

說回前面的阿玲，那天和菜菜聊完後，
她思考了很久。

以前的她，認定自己孤立無援，

這次沉下心來梳理後，
她發現自己並非一無所有。

她有像菜菜這樣聽她傾訴、
幫忙出謀劃策的朋友，

也積累了很多和婆婆
溝通的經驗。

家裡的收入都存在她卡上，
她有家裡的經濟掌控權。

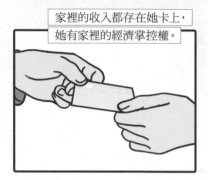

想明白了這些事後，她的心情輕鬆了一點，
也有了解決問題的頭緒。

她會繼續在菜菜的幫助下，
和婆婆、老公商量好家務分配的事。

家務分配表

也會搜集老公精神出軌的證據，
準備找個時間，坐下來和他聊聊。

面對這一團生活的亂麻，
她越來越有信心去面對。

其實我們每個人都一樣，
有時難免會陷進棘手的問題裡。

這時，不光要向前看，更要靜下心來，
回頭看看自己擁有的資源和取得的
小進步。

去抓住那些微光，哪怕只是一點點，
也能讓我們慢慢地累積力量和信念，
然後摸索出問題的答案。

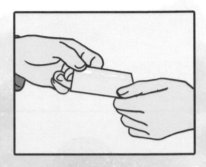

說到這裡，
我想起李松蔚老師
曾經在文章裡說的：

"比一切幫助更為基本的幫助，
是讓人們意識到，
他們總是比自己以為的更有辦法。"

我想，這對我們自己同樣適用。

如果此刻的你，也正在某條漆黑的
路上逡巡，找不到方向，

我想請你跟我一起，
練習一個動作。

伸出你的手，

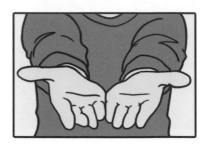

輕輕地拍自己的頭，

然後再問問自己：

"這麼不容易，你是怎麼扛過來的？"

在敘事療法裡，有一個很核心的觀點："每個人都是解決自己問題的專家。"

臨床心理學家麥克·懷特和大衛·艾普斯頓認為："人的成長不是一件容易的事。要面對那麼多的問題，我們仍然能夠走到今天，這表明一定有一些資源在支撐我們。這些資源本來就蘊藏在我們自己的生活之中，將這些積極資源調動起來，問題也就有了解決的可能。"

我也想鼓勵大家，在遇到令你一籌莫展的難題時，回過頭看看，自己已經做了什麼。

這個小小的動作，會讓我們看到過去的努力，不再自我攻擊；也讓我們在平和的心態下，更清晰地看到手頭上可用的解決問題的"資源"，做出新的應對。

願我們都能一點點地找回自己的力量，成為解決自己問題的專家。

最近我發現，要做好一件事，你得帶一點 "戀愛感"。

這個發現，來自我朋友的啟發。

小方年初生完孩子後，被確診輕度躁鬱症。

看她每天悶悶不樂，連走路也會出神發呆，她老公就提議說——

要不你找點別的事做吧，報個瑜伽班、舞蹈班什麼的，散散心也好，孩子就讓我和我媽來照顧。

算了吧，我就是三分鐘熱度，還是別浪費錢了。

幾天後，老公做家務時，看到衣櫃裡放了很久的泳裝……

不如我們去學游泳吧。

她想了一會兒，答應了。

一個星期、半個月、三個月……

她就這樣在游泳培訓班裡堅持了下來，加上她有點底子，所以學得還滿好。

她整個人的狀態，也從產後的鬱鬱寡歡，變得越來越開心。

有次陪她去練習，我好奇地問：

你是怎麼堅持下來的？

不知道為何，游泳的時候，我總有種重溫戀愛的感覺。

嗯？

我是說這種全情投入，很忘我的感覺，就像戀愛一樣。

這樣子啊，比如說呢？

比如我有時會游到忘記時間，就像我和老公戀愛的時候一樣，總感覺時間過得飛快。

又比如學會蛙式後，其他學員都說我姿勢標準，要向我學習。

這就像在感情裡，我的"投入"被對方看見和回應了，我受到了鼓勵，也想做得更好。

當然也有累的時候，有時腳會抽筋，有時一個簡單的動作要練習很多次……但那種幸福感，讓我覺得辛苦也沒什麼。

後來，她還把這種"戀愛感"遷移到其他事情裡，

比如做飯、

養花、

學吉他。

她發現，只要保持這種"勁頭"去做事，事情都沒自己想的那麼難。

說起來，有一個心理學名詞可以解釋這個現象，那就是"心流"。

心 流

指的就是我們做某些事情時，全神貫注、投入忘我的狀態，像流動的水一樣自然而然。

這種"心流"狀態，是很容易帶來幸福感的。如果把心流當成一條分界線，那麼——

非心流區	心流區
被迫工作 容易心累	有動力 感覺很爽

既然這麼好，我們該怎麼進入心流區呢？
我繼續用"戀愛感"來比擬，分享一些方法。

首先，我們要做喜歡的事。
擁有"心流"的一個關鍵條件，
就是做事的動機，要跟我們的本心一致。

回味一下，當你和真正喜歡的人在一起
時，有沒有某些瞬間，覺得彼此之間像
是有"電流"感應一樣？

這個說法有點抽象浪漫啊，

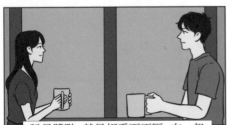

說具體點，就是相看兩不厭，在一起
做什麼都覺得有意思，還會經常忘
記時間。

這麼快就 9
點多了。

但和不喜歡的人在一起，
往往會坐立難安，想盡快走掉。

同一個道理，做喜歡的事時，
你沒有怨氣，也更容易進入"心流"。

但如果是不喜歡的，我們不僅要壓抑
厭倦情緒，還要不停地督促自己：
這件事很重要！我必須要做！

別做了，這工作
太煩人了。

你一定要
做完！

所以啊，在面對不喜歡的事情時，
我們可以有兩個選擇，

要麼試圖去找到這件事裡喜歡的部分，
然後強化它，

就像我一開始也不喜歡寫文章，
但一想到這是我跟大家互動的方式，
而且也收到了很多回應，心裡就覺得
暖暖的，越寫越有感覺；

要麼如果實在找不到喜歡的點，
也可以用生活中的其他小事，
累積"心流"的體驗，來滋養自己，
讓自己的整個生活狀態先好起來，
再更好地面對其他各種事情。

而要進入心流區，除了要"喜歡"之外，
還有另一個關鍵點，那就是你做的事要
有點"難度"。

這就好比戀愛時，對方越難追，
我們就覺得他越有吸引力，

而當對方被自己打動時，
那種成就感、滿足感，
也會轉化成對自己的肯定。

這種戀愛裡的"獎賞"，
來自我們腦內的多巴胺。

同樣，當我們做出的挑戰取得進展時，
這些正向回饋，也會刺激多巴胺的分泌，
給我們帶來快樂。

還是朋友的例子。後來她養白玉蘭花也
費了不少精力，她把握不好光照的強度，
也總因為澆水過度導致爛根。

一次次嘗試後，她才琢磨清楚。

連她老公都說她"最近茶不思飯不想，
光研究養花了"，但她卻說：

玉蘭花開的時候，聞到
那陣飄來的清香，我覺
得一切都值了。

當然，這裡要提醒一下，

我說的"難度"，並不是說一定要很難很難的，
不用你日進斗金，也不需要上刀山下火海。

而是說，如果事情過於簡單、機械，
我們就只是在"完成"，
沒辦法享受通關帶來的酣暢淋漓感，
和一次次信心的累積。

講到這裡，也想給大家分享我最近的
一次"心流"體驗。前幾天，我看了一
本愛葛莎的懸疑小說。

花了三個多小時看完，
但卻感覺只過去了十幾分鐘。

看書的時候，佛洛伊德一直追著毛
線球滿屋跑，我都沒有察覺。

直到合上書，我才注意到亂糟糟的地板，
和它裝無辜的眼神。

這種美妙的感覺，
不一定要靠做什麼大事才能獲得，

比如我的兒子小航會花一晚上的時間，
組裝汽車模型；

老趙會約朋友週末去釣魚，一坐就
是一個下午，就算最後釣了個寂寞，
也會唱著歌回家。

小助理就更簡單了，她常常會把手機關機，
然後專心做料理。

看著鍋裡的湯嘟嚕嘟嚕冒著氣，
她說那一刻，她很安心。

我們總能找到很多這樣的小事，
並在這些小事上得到回饋，獲得快樂。

這些快樂值得回味，
也足以填滿乏味勞累生活的縫隙，
讓我們變得越來越充盈。

心理學家米哈里・希斯贊特米哈伊，在《心流》中寫道：
"唯有心流帶來的快樂，是自己塑造所得，對個人意識的拓展與成長才有助益。"

相信大家在日常生活裡，或多或少都有過"心流"的體驗。比如一氣呵成寫完一篇文章，比如和孩子心無旁騖地鑽研了半天拼圖，又或是投入到兩個多小時的電影裡。

當沉浸到某個事物裡面時，我們不僅能感受到愉悅、成就感，還能和自己好好相處，對內在的感受也會有更深刻的認識。

"心流"帶來的滋養，終將被累積下來，推動著我們更好地成長。

有一段時間,我官方網站後台留言裡的焦慮氣息很濃烈。

感覺這一年什麼事都沒做就過完了!

年初還說要減肥,結果一公斤都沒瘦,還胖了,怎麼辦?

我很想戒酒,但每次都半途而廢,改變真的好難……

我還看到一個讀者留言:

老師,你說的這些都很好,但如果我真的要改變,我要怎麼找到動力呢?畢竟有些問題確實迫在眉睫呀,望回覆

2020/11/6 10:57 置頂

如果你也和她一樣,正在嘗試改變,卻總是原地打轉,想找到一股很強的動力,那麼這篇漫畫也許對你很有用。

我想分享的方法,很簡單但也很好用——

找到小改變,並記錄下來。

而這個方法，是受到我一個朋友的啟發。

2018 年秋天，剛過 30 歲生日的 L，
確診了中度憂鬱症。

辭職後，她搬回了鄉下一個人住。

除了定期去醫院複檢，那段時間她
幾乎不出門，每天都在床上躺著。

就這樣躺了一個半月後，某天夜裡，
她的心裡冒出了一個巨大的聲音。

不能再這樣下去了，
我得起來動一動。

於是她計畫每天跑步五公里，
呼吸新鮮空氣。

可是當她穿上運動鞋，推開房門，
不到三秒，她又往回退了幾步。

這個目標，對此刻的她來說太大了，
已經超出了她的能力範圍。

她想了很久，決定不為難自己。

還是順其自然吧，先從小一點
的事開始，只要離開床，讓自
己有些活動就可以了。

第二天，她起床整理了書架，洗了衣服，
還給一個朋友發了網路訊息。

當晚，她打開手機備忘錄，
記下了這些微小的改變。

``` 
∎∎∎ 🔋

❮ 備忘錄                    ⋯   完成

    -2018/10/23

    - 歸置了書架上的書，發現了有意思
    的讀書筆記

    - 終於把疊在椅子上的衣物放到洗
    衣機裡清洗，烘乾後香香的

    - 聯絡了一個老朋友，她跟我說了很
    多貼心的話
```

她發現，雖然這些都是不起眼的小事，
但是做完後卻很開心，
寫下來的時候也很有成就感。

之後的每一天，L 都保持著這個習慣。

```
∎∎∎ 🔋

❮ 備忘錄                    ⋯   完成

    -2018/10/24

    - 換了新的床單

    - 打電話讓維修工上門修排水管，大
    叔很友好，順手幫我修了浴室的窗

    - 掃院子裡的落葉時，我把葉子編成
    了蝴蝶的形狀，這讓我回想起很多
    童年的趣事

    - 等到我反應過來，才發現暮色降臨，
    院子也掃得乾乾淨淨了
```

〈 備忘錄 　　　　⋯ 完成

- 2018/11/23

- 動手換掉了漏水的蓮蓬頭，我也太
厲害了吧

- 給筆友寫了一封信，和她分享了最
近內心的一些想法，寫完後舒坦了
很多

- 久違地到院子裡曬了太陽，暖烘
烘的，差點睡著了^_^

這些小事累積下來的成就感，給了她希望
和力量，讓她逐漸去嘗試一些更難的事。

到了第 150 天的時候，她的身體和心
情好了很多，能夠做出的改變一點點
變多了，邁開的步伐也變大了。

〈 備忘錄 　　　　⋯ 完成

-2018/12/16

- 給家裡來了次大掃除，有種煥然
一新的感覺，風吹進來的時候很舒
服

- 讀了《伯恩斯新情緒療法》第 2 冊，
看完後覺得自己又多了一些耐心

- 用手機記錄了今天的日落，冬天的
晚霞很美

〈 備忘錄 　　　　⋯ 完成

-2019/03/23

- 報了鎮上的游泳班，游了 30 分鐘，
有種時間過得很快的感覺

- 給院子裡的花圃鬆了鬆土，播下了
種子，很期待花開

- 邀請了四位朋友來家裡吃火鍋，
大家談天說地，像回到了大學時期

L 就這樣，一邊捕捉著小改變，
一邊自我療癒。

前陣子，
L 在咖啡店和我聊起這段經歷時，
給我看了手機上的備忘錄——

5 月份複檢時，醫生告訴她——

根據你目前的狀態，可以減少藥物的劑量了。

那天回到家，她看到院子裡種的蝴蝶蘭
開出了好幾朵花。

聞著淡淡的花香，
她在備忘錄裡寫下：

::::: 🔋

‹ 備忘錄   ⋯   完成

　　我正在慢慢慢慢慢慢地好起來。

以後無論換多少次手機我
都不會刪掉的，我想把這
個習慣保持下去。

也和我分享了自己的經驗。

我最大的感觸是，想改變的時候可以不用定太大的目標。

聽她說完這些，我也有了很大的觸動。回到開頭的話題，其實我很理解大家急著變好的心情。

目標太大，超出能力範圍，不僅不能及時得到正向反饋，還會讓人受挫。

我們可以去捕捉那些細微的改變，然後記錄下來。

但正如 L 所說，有時想邁開大步，反而會讓自己原地打轉，我們能做的，就是——

改變自己當下能改變的，接納那些暫時無法改變的。

小改變可以帶來成就感，鼓勵自己繼續向前，而記錄，可以幫我記住那種感覺。

而這並非消極對待，相反，我們只有存夠小改變帶來的成就感，才會有力氣去嘗試困難的部分。

我的閨蜜阿琳在和寶寶相處時，常常
會因為他的嚎哭而心焦，脾氣也變得
很暴躁。

就像陳海賢老師說的：

改變就好像多米諾骨牌，最重要
的是找到第一個小小的改變，再
一個接一個地推動。

她也想和別人一樣，做一個溫
柔的好媽媽，但卻總是做不到。

直到上周日，她在客廳看書的時候，
孩子在她身邊爬來爬去，她時不時
輕輕地順他的背。

而當我把 L 的經驗分享給
身邊的人後，他們也捕捉
到了自己的第一個小改變。

她看完書才發現，
兩人度過了一整個下午的安靜時光，
她的內心也變得很平靜。

後來，她在網站上記錄了
這個溫馨的片段。

 取消　　　發訊息　　　發送

今天和寶寶和平共處了一個下午，雖然
沒辦法一下子變成好媽媽，但我還是可
以一點點學會和孩子相處的～

我工作室的小佳，最近陷入了創作枯竭期，
昨晚，她坐在電腦前看著空白的文檔抓頭時，
貓咪從鍵盤上經過。

我給你洗個澡
怎麼樣？

儘管貓咪很抗拒，但比
起寫稿，給它洗澡還是
比較容易做到的，而且
洗完烘乾後，整個貓變
得香香軟軟的。

摸著它蓬鬆的毛，小佳感到一陣愜意，
沉靜下來後，也有了寫作的靈感。
她忍不住發了朋友圈，分享這個經驗。

 決定以後每次寫東西前，都做一件
無關的卻又能帶來成就感的小事，
比如給貓洗澡！

還有我的師妹小K，她很想改掉職場老好人的毛病，但對她來說，當面拒絕別人，真的太難了。

這週五下班時，鄰座的同事又一次拜託她整理表格。

不好意思呀王姐
今天朋友約我去吃火鍋

我已經放了她太多次鴿子
這次實在沒法加班了

她猶豫了很久，拿起手機發了條訊息給同事，撒謊說自己有約。

儘管按下發送鍵的時候有點手抖，走的時候也很慌張，害怕對方叫住自己，但她還是很開心，這個小小的舉動，對她而言是大大的成績。

 我終於成功拒絕幫同事加班了！

 雖然還是有些弱弱的，但這算是很好的開始吧。

 🍎🍎

真棒！

在聽她們講述時，我同樣感受到了這些平凡細節帶來的成就感。我相信，慢慢地，她們也能記錄下自己的第二、第三個改變。

心理學家阿德勒曾說：

"人生不是一條線，人生是
一連串的剎那。"

我想，改變也是如此。

大多數時候，我們想要的改變不是一條線，
無法一揮而就，它是一連串的小改變。

就像我們握著手電筒走夜路，
有時路太漫長，電筒的光無法照得太遠，

我們看不到盡頭，
所以只能照亮腳下，
踏實地走好每一步。

也許有一天我們會發現，
自己已經走了很遠，

而終點，
也離自己越來越近。

在"徐慢慢心理話"官方網站成立之初，我曾經問讀者最近有沒有什麼變化——

有人說堅持了 21 天給媽媽做飯。

有人說學會了龍蝦的幾種料理方法。

還有人說放棄了早睡早起的幻想，最重要的是睡得夠。

在讀者們分享的這些改變的片段裡，我也感受到了那份小小的成就感、幸福感。

心理諮詢師陳海賢老師，曾在《了不起的我》裡提到"小步子原理"。 所謂"小步子原理"，就是指我們不必給自己定太大的目標，也不要去想未來太過巨大的任務，專注於眼前能走的一小步，並把它走好，記錄下來。因為這些小小的變化，更容易給人帶來正向回饋，也就更能激勵我們邁出下一個小步子。

看到這裡的你，還會抱怨自己過去的努力無用嗎？

也許，有很多小變化被你錯過了。

記得時刻保持記錄，因為這些小變化都可以被儲存下來，轉化為成長的動力。

在我過往的生活裡，也有過特別難的時刻。

後來在心理學裡沉浸了很久，
我學會了用一些小方法來應對。

我曾經把這些方法教給小航，
現在也想和大家分享。

面對困難時，
也許它們能給你提供一些積極的視角。

1.
來做客的情緒朋友

第一個方法是：
當你情緒波動比較大的時候，
不要反抗；

相反，可以試著給情緒命名，
和它們做朋友。

有段時間，我幾乎每天都會失眠，
一躺到床上，心裡的悲傷和恐懼，
就像是濕冷的潮水一樣湧來。

某個輾轉反側的凌晨，
連褪黑激素也幫不了我，

我決定把這兩個情緒朋友叫出來，
跟它們聊一聊。

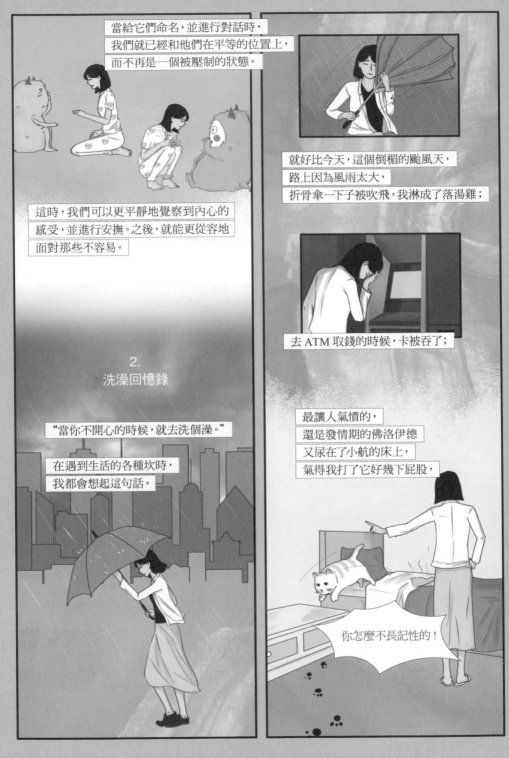

當給它們命名，並進行對話時，
我們就已經和他們在平等的位置上，
而不再是一個被壓制的狀態。

這時，我們可以更平靜地覺察到內心的
感受，並進行安撫。之後，就能更從容地
面對那些不容易。

2.
洗澡回憶錄

"當你不開心的時候，就去洗個澡。"

在遇到生活的各種坎時，
我都會想起這句話。

就好比今天，這個倒楣的颱風天，
路上因為風雨太大，
折骨傘一下子被吹飛，我淋成了落湯雞；

去 ATM 取錢的時候，卡被吞了；

最讓人氣憤的，
還是發情期的佛洛伊德
又尿在了小航的床上，
氣得我打了它好幾下屁股，

你怎麼不長記性的！

結果它反而一臉無辜地看著我。

嘆了一口氣後，我推開浴室門，
打開蓮蓬頭，再點開一首舒緩的爵士樂。

當溫熱的水在身上流動時，
情緒也舒緩了許多，

這被蒙上了灰的一天，
也慢慢地透出一抹亮色。

早上一出門，
就見到了幾年沒見的朋友；

在甜品店吃到想了很久的奶油蛋糕；

下午的三個諮詢也都特別順利；

今天網站平台後台還有個讀者，
說看了我的漫畫，受益匪淺。

陳豪
真的是寶藏網路平台！後悔沒早點
關注，學了好多心理學知識呀～

我又想到，今天這些"倒楣事"其實是在提醒我：
吞卡的 ATM，提醒我以後可以預約無卡取款；
容易壞的傘，提醒我雨天要帶更結實的傘。

有研究說，人在洗澡的時候，
會更容易平靜下來，

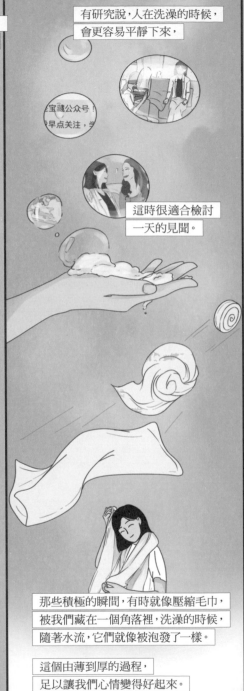

這時很適合檢討
一天的見聞。

欸，對了！

佛洛伊德絕育的事情必須列入日程了！
這樣它才不會到處小便！

那些積極的瞬間，有時就像壓縮毛巾，
被我們藏在一個角落裡，洗澡的時候，
隨著水流，它們就像被泡發了一樣。

這個由薄到厚的過程，
足以讓我們心情變得好起來。

這樣想了一通後，
煩惱似乎一掃而盡了。

3.
新的劇情

有時候，我們以為人生是一部烏雲密佈的苦情劇，但換個視角，它可能是一部勵志劇。

經來訪者授權同意，涉及隱私情節已做模糊化處理。

有個來訪者，提到自己因為戒不了煙很苦惱。

大學我就開始抽煙，後來工作了，就抽得更頻繁了。結婚後，老婆讓我戒掉，說不想讓孩子吸二手煙。

我也想戒啊，可是太難了。而且每次回家她一聞到煙味，準會跟我吵架，也不讓我碰孩子。

唉！我怎麼連煙都戒不了，真的很沒用。

諮詢過程裡，我問他什麼時間會特別想抽煙。

工作壓力大的時候吧，有時回家前在車上也忍不住來一根。

聽起來，抽煙可以讓你減壓？

對。

剛剛說戒煙，現在有進展嗎？

以前一天抽一包，現在半包左右。

如果你有個朋友，他為了孩子辛苦戒煙，你會怎麼看待他？

說實話戒煙挺難的，我忍得很難受。朋友能這麼做，真的挺有責任心的。

他愣了幾秒，然後說：

啊，感覺被安慰到了。

後來又一次諮詢，我讓他做了一個小練習。我給了他一張紙、兩支不同顏色的筆。

用黑色筆把戒煙前後所有的事都列出來，包括抽煙的利弊、自己戒煙時的努力。

再用紅色筆把積極的部分圈起來，最後串起來，重新和我分享。

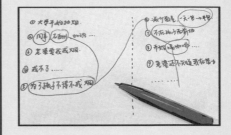

後來，他是這樣說的：

生活壓力大的時候，抽煙會讓我暫時心情好一點。

雖然戒煙很難，但是為了孩子，我已經從一天一包變成一天半包。

只要給我多點時間，我相信我能戒掉。

還有，如果我能跟老婆說我戒煙的決心和進展，她也會理解我的。

講完後，他說自己舒服了很多。

這一次，他沒有把自己定義成有問題的人，而是——

"我有一個問題，也有能力慢慢處理它。"

這就是"劇情地圖"的魔力。

每一個問題的背後都對應著一張地圖，上面有很多條路線，有主線，也有支線，

無論哪一條，它們都是真實的。

但當我們在消極情緒裡鑽牛角尖時，我們也許就會變成苦情戲的主角。

而如果把積極的支線劇情梳理出來，給自己提供一個新的觀察角度，

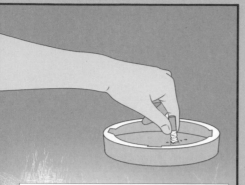

就自然有機會，看到生活更多的可能性。

4.
星星口袋

小航有一個小口袋，
裡面放著用彩色畫紙摺成的五角星。

這是他 6 歲那年暑假時，我和他一起做
的，那時他已經會寫字，我就讓他把能
想起來的、快樂的事記下來。

彎彎曲曲的字，加上拼音注釋，
還有用文字表達不出來的，他直接上手畫。

現在這個小口袋裡，已經有 51 顆星星了，

有的記錄著在幼稚園裡交到
第一個朋友時的快樂，

每當那時，千萬別錯過它們，
收集下來，盡可能詳細地描述，
因為這是屬於自己的故事。

我們如何講述自己的故事，
就如何建構自己的人生。
而積極的故事，往往更能成為生命
旅途上的希望和力量。

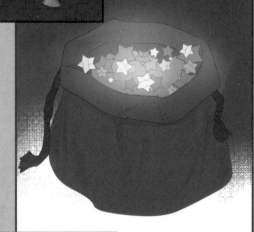

未來，可能還是會有想放棄的時刻，

但別忘了，
漆黑的夜裡，你的星星口袋發著光。

西華盛頓大學的凱特·麥克萊恩教授，曾經提道：

"我們講述的故事，揭示了我們自己，建構了我們自己，在人生的旅途中支撐著我們。"

我們每個人成長至今，都有著許許多多的故事。

用不同的方式解讀故事，故事也會散發出不一樣的力量。

就像杯子裡有一半的水，有人會說"唉，只剩一半了"，有人卻會說"哇，還有半杯耶"。兩種不同的解讀，帶來兩種不同的心情。

可以說，我們如何講述自己的故事，就如何展開自己的人生。看到這裡的你，不妨做個小小的思考練習：

· 現在困擾我的問題是什麼？
· 它的背後有著怎樣的故事？
· 故事裡是否有積極、有力量的部分？
· 我可以怎樣重新敘述這個故事，讓它變得不一樣？

然後試著把它寫下來，或者跟身邊的人講述一遍，相信你會有新的收穫。

PART 2　自我成長

"我只是沒有努力而已，要不然早成功了"
為什麼你會自我妨礙

之前收到一位讀者的留言，
"吐槽"自己的孩子總是關鍵時候掉鏈子。

這個孩子，平時學習刻苦，成績也不錯，
但一到大考，就會這忘那，要麼看漏
題目資訊，要麼起晚遲到，要麼走錯考場。

今天的數學競賽，
他明明準備得很充分，
可是到校門口發現，
考試必需的鉛筆忘了帶。

你站這兒，媽媽去
給你買新鉛筆。

可是我用慣了那
支鉛筆啊，我要
回家拿！

他堅持要回家拿，
這樣一來一回，耽誤了不少時間，
考試自然也沒發揮好。

 我想不明白，為什麼他非要回去拿這
支舊鉛筆呢？
下午 2:52

 我甚至覺得，他就是故意搞砸這場考
試的。
下午 2:53

 可是不對啊，他明明很重視這個比賽，
還準備了大半個月呢……
下午 2:53

聽完這位媽媽的描述，我想說，她的猜測很可能是對的，孩子確實有意無意地搞砸了重要的考試。

其實啊，日常生活中，這種"故意搞砸"的行為並不少見。

越是在關鍵時刻，越是面對迫切想要的東西，我們越是做不到全力以赴，

甚至還會主動給自己挖坑。

在心理學上，這種行為叫"自我妨礙"。

我有一個親戚，就一直被困在"自我妨礙"裡。

這個叔叔很有才華，卻一直"懷才不遇"，日子過得緊巴巴的。

周圍的人都替他惋惜，他自己也一直在尋找機會，想多賺點錢，改善家裡的經濟條件。

直到有一位發展得很不錯的老同學
聯繫上他，邀請他到一線城市去工作。

老陳啊，這個機會很
難得的，我一下子就
想到你了。

等了這麼多年，終於等來一個如此難得
的機會，一開始他也很興奮，準備好好
去發展一番。

可是答應下來之後，
他卻陷入了猶豫和糾結中。

我可以的，孩子們也都很聽
話呀，等你安定下來，接我
們過去就行了嘛。

唉，可是我這樣掛心家裡，
做事肯定也做不好……

其實，家裡人都很支持他去，
老同學也幫他打點好了一切。

爸，你去吧，我
會照顧好媽媽
和妹妹的。

對啊爸爸，你不是一直跟
我們說，想好好幹一番事
業嗎？我們支持你！

不去了。

可是，他還是找了很多理由，
拒絕了這個邀請。

好吧，那我考慮其他人選了。

老同學不好強求，只好把機會留給了其他人。

後來，村裡分地，一家五口終於有機會住上大房子了。

大家都替他高興，可是，他卻再一次放棄了這個機會。

有地多好啊，你怎麼不去爭取呢？

唉，能爭取到當然是好事。但萬一爭取不到呢？自己失望，還要被人笑話。

算了算了，我就是這個命，不爭了。

就這樣，他辛辛苦苦大半輩子，卻依舊沒有擺脫貧窮的"命運"。

他明明很想成功，卻似乎一直在"自我妨礙"，拒絕每一次成功的機會。

家裡人很無奈，我也十分困惑，
直到偶然間聽說，叔叔高考那一年，雖然
成績優異，卻因為以前落下的小病根，導
致體檢不過關。

他想了各種辦法，拼盡全力去爭取，
還是沒能通過，

十幾年的努力苦讀，
沒有換來一絲肯定。

最後，他只能和心儀的
大學失之交臂。

村裡有人同情，有人幸災樂禍。

這次失敗，沉重地打擊了他的自尊，
讓他慢慢變成了一個"不爭不搶"的人。

對他來說，"努力卻失敗"意味著，
自己真的沒能力，真的很差勁。

很多時候，我們無法全力以赴，
都是源於害怕失敗，
以及失敗帶來的自尊受損。

而"自我妨礙"，實際上是潛意識裡的
自我保護機制。我們故意誇大困難，
甚至給自己挖坑，

都是為了給最後可能出現的失敗結局，
提前"挽回尊嚴"。

要不是因為這個，

我才不會失敗呢。

比如前面提到讀者的孩子，
他晚起遲到、看漏重點、丟三落四，

可能是因為害怕考砸，害怕被批評，
先找好一些"客觀原因"來甩鍋。

比如我的這位叔叔，
在他放棄各種進取的機會時，
"為了孩子"、"不爭不搶"或許只是藉口，

比起直面失敗的打擊，
躲在藉口後面，確實輕鬆許多。

當年我要是去了大
城市，說不定能是
個老闆呢。

就像武志紅老師說的，

這種拒絕投入的狀態，會讓人
產生一種感覺——我在掌控，
我在選擇。

即使"失敗"，也是我自主選擇的，是在
我掌控之內的——這種感覺，在一定程
度上可以有效地維護自尊和自己的形象。

我很理解，有時候一點點"自我妨礙"
確實能讓我們好受一些。

但長期困在"自我妨礙"中，
我們便無法享受成功的喜悅。

即使獲得了成功，也沒辦法站穩在高處。

我有一個來訪者，陪男友從零
開始奮鬥，不離不棄，

卻在結婚前，因為"房間插座要裝在哪裡"
這件小事，和"準老公"鬧翻，婚也沒結成。

身邊的親朋好友都很不能理解。

他是個窮小子的時候，
你一直跟著他；他現在
什麼都有了，你反而離
開他？

女兒你是不是傻呀，
一件小事你非要鬧
這麼大……

來訪者自己也說，
"插座"確實是一件小事，

其實，不少人都做過這種"給自己挖坑"
的事，我也不例外。

她之所以藉著這件小事，逃離這段"成功"
的婚姻，是因為她內心對於失去的恐懼。

每次臨近交稿日，我就嚴重拖延，
明明知道任務緊急，明明想把文章寫好，
但就是無法投入。

媽，你剛剛不是說要去
寫稿嗎？很多讀者還在
等著看你的文章呢。

……

她覺得對方太過優秀，
旁人也說這個婚姻非常完美，
這讓她深陷恐懼之中。

害怕自己無法長久地擁有它、維持它，
所以，索性把它搞砸了。

這種"自我妨礙"，
給她提供了"不會失去"的安全感。

不過還好，這種"自我妨礙"並沒有嚴重
影響我的生活，我就當它是緊張生活的
"緩衝帶"，等緊張緩解了，我又可以繼
續去面對挑戰。

但如果，這種"自我妨礙"的行為出現得太過頻繁，就會嚴重困住自己前進的腳步，讓你什麼事也做不成。

那要怎麼辦呢？我建議大家和我一起，想想最壞的結果。

就像我剛剛說的，大部分的"自我妨礙"都源於對失敗的恐懼，
與其恐懼，不如直接走到"失敗"面前，看看它到底是個什麼東西。

如果我稿子寫出來之後，讀者不愛看，閱讀量不好，甚至有很多不好的評論，怎麼辦？

你也許就會發現，"失敗"只是一種普通的體驗，並沒有那麼可怕。

只要我對自己的稿子負責，相信自己輸出的內容，

就算閱讀量不夠好，也有讀者不認可，這個"失敗"我也能夠接受。

這個失敗，提醒我可以對稿子做一些調整。

但它並不意味著，我是糟糕的。

多暗示自己，搞砸就搞砸，失敗就失敗，這麼一想，"自我妨礙"似乎就沒有什麼必要了。

當我們開始邁出第一步，全力以赴地去爭取時，就更容易累積一些成功的經驗。

而這些經驗，可以幫我們建立一個更加穩定的自我，讓我們更有自信地投入下一次嘗試。

慢慢地，你會發現，

自己邁進了一個"自我成就"的正向循環。

心理學家巴格拉斯和鐘斯提出：個體為了回避自己的不佳表現所帶來的負面影響，可能會採取一些行為，增大將失敗原因外化的機會。

　　也就是說，當我們太在乎一個東西的時候，太擔心自己把它搞砸，就會去製造一些外在的意外。最後，會再說一句："我只是沒有努力而已，如果我努力了，結果一定會不一樣。"

　　這種感受，就像心理諮詢師、心理學暢銷書作家武志紅老師說的：如果投入 70 分，我得到的只是 70 分，甚至得不到，我可以接受；倘若投入了 100 分，得到的卻是 70 分，甚至 0 分，這太打擊人了。為了避免"努力卻失敗"導致的自尊受損，我們常常做不到全力以赴。

　　我能理解這種感受，但同時，我也想跟大家說：失敗，其實沒有那麼可怕，它只是人生中千百萬種體驗的一種。當我們不再把"失敗"和"我很差勁"緊密捆綁在一起時，或許會發掘出自己未知的潛能。

大家有沒有過這種經歷：

一開始，給自己立了一堆目標，
加了滿滿的油，
結果每次都是三分鐘熱度，
很快就洩了氣。

比如，我表妹在國慶長假開始之前，
就已經給自己定好了目標：

- ☑ 調整作息：
  12 點前睡前，8 點起床
- ☑ 每天至少做一頓飯
- ☑ 讀完一本書
- ☑ 每天一部電影
- ☑ 溜狗狗
- ☑ 家裡大掃除

打算好好利用這個假期，調整一下，
擺脫這大半年的頹廢狀態。

放假第一天，她信心滿滿，
每一項都完成了。

- ☐ 調整作息：
  12 點前睡前，8 點起床
- ☑ 每天至少做一頓飯
- ☐ 讀完一本書
- ☐ 每天一部電影
- ☑ 溜狗狗
- ☐ 家裡大掃除

第二天，她開始覺得有點累，偷了小懶。

或許，不是你執行力太差，而是你的執行力用錯了地方。

到了第三天，這個計畫表已經被她丟在一邊。假期過完，她的頹廢一點沒少，還多了幾分焦慮。

立了目標，又"啪啪打臉"這種事，表妹不是第一次經歷了。

她來向我求助，把自己從頭到腳數落了一遍。

我的回答，讓表妹很吃驚。

我想盡各種辦法去督促自己，花了好大力氣要改掉自己的毛病，

慢姐，我真的很討厭這麼頹廢的自己，可是我的執行力實在太差了！

這怎麼會錯呢？

我什麼事都做不好……

其實，有不少讀者和來訪者，也跟表妹有著同樣的困惑。

聽完表妹這一番"自我轟炸"，我只跟她說了一句——

老師，我身材不好，但又堅持不了節食和運動，怎麼辦啊？

老師，其他小孩子都多才多藝，我家小孩彈個琴都半途而廢，怎麼改掉他這個毛病啊？

老師，我老公都 32 歲了還一事無成，可是他每次想做點什麼都是三分鐘熱度，怎麼解決這個問題呢？

當我們想改變的時候，似乎總是習慣先找到一個問題。

我太頹廢了

我太胖了，好醜！

孩子不優秀，還偷懶！

老公一事無成，還容易放棄！

再給自己 / 對方製造一些壓力，希望以此產生解決問題的動力。

找到問題
↓
製造壓力
↓
產生動力

可是結果往往都是"間歇性努力，持續性躺平"，光感受到壓力，卻沒有獲得動力。

找到問題
↓
製造壓力
×
產生動力

就像《最小阻力之路》一書中說的：

這種解決問題的思維，很難產生持續的動力。

有一個來訪者，就困在這種"解決問題"的思維中，掙扎了很長一段時間。

她跟我說，在 27 歲之前，自己從來沒有談過戀愛，一直把全部精力放在學業和工作上。

不知道從哪一刻開始，她突然覺得：不能再這麼下去了。

或許是因為身邊的同齡人都開始結婚，開始秀孩子；

或許是因為家裡人開始替她著急，各種催促——

這些似乎都在告訴她：這麼大年紀卻還沒談過戀愛，是不正常的。

所以，她給自己定了一個目標，一定要在 30 歲之前，找到一個合適的伴侶。

她開始聽從家裡人的安排，積極去相親，

也會讓身邊的朋友給自己介紹對象，甚至在好幾個婚戀平台都註冊了帳號。

可是，每一次相親，她都坐立難安：

要麼覺得自己不夠好，
一直在調整自己的儀表和談吐；

要麼覺得對方不夠好，
一直在默默挑對方的毛病。

幾乎每一次相親，她都是相到一半
就筋疲力盡，落荒而逃。

偶爾碰到有好感的男生，試著去相處，
也是不到一個月就不了了之。
前前後後相親幾十次，她還是沒有脫單。

我覺得，我們不合適，不
用再浪費彼此的時間了。

老師，我也不知道是我有問
題，還是別人有問題，為什
麼脫個單這麼難呢？

或許，你先把"擺脫單身
狀態"這個問題放一邊，

問問自己，想要擁
有一段什麼樣的
親密關係呢？

這兩者有什麼區別嗎？

擺脫單身，和擁有親密關係，
其實是兩種截然不同的思路。

前者是"解決問題的思維"，
把單身當成一個問題，想要去解決它。

後者則是"創造型思維"，
確定自己在親密關係上的需求，
然後去滿足它。

我剛剛也提到，"解決問題的思維"
難以給我們提供持續的動力，

相反，"創造型思維"卻可以做到。

就像這位來訪者，當她試著把自己有問題、
不正常這些想法，暫時放在一邊，

好好地問問自己，"我想要擁有一段什麼樣的親密關係"，她發現，相親這件事變得輕鬆了許多。

她不再像從前一樣，因為自己穿錯一條裙子就彆扭，因為別人說錯一句話就生氣，

而是願意給自己和對方更多的時間和空間，去互相瞭解。

即使沒有和對方看對眼，她也沒那麼心急了，

我們還是更適合做朋友，不過，我相信我們都會找到那個對的人。

因為她慢慢開始清楚，自己想要找一個什麼樣的人。

她不再那麼在意"單身"這個問題了，而是把關注點放在期待未來某一天和他相遇這件事上。

前陣子，她開心地跟我說，在朋友生日的聚會上遇到那個 Mr. Right 了，

兩人不太需要磨合，相處起來很舒服，是她一直想要的戀愛感覺。

所以啊，你看，當我們不再糾結於"問題"，而是想要什麼，就努力去創造什麼，或許會驚喜地發現，自己有著源源不斷的動力。

我不是說，我們不能表達不滿意，只是想告訴大家，這種"不滿意"的情緒，很難成為我們行動的動力。

這是為什麼呢？《最小阻力之路》一書的作者說：創造型思維的動力，來源於愛。

只有我們真正熱愛的、發自內心想要去創造的東西，才會散發出引力，吸引著我們一步一步去靠近。

回過頭想一想，當我們陷入解決問題的思維中，比如，想擺脫頹廢狀態、想改掉肥胖的形象、想督促孩子趕上別人，

前陣子，閨蜜來我家玩，吐槽最近工作壓力大，和婆婆又有一些小矛盾，

她處理不好這些問題，整個人都很不開心。

其實動力都是一樣的：對於現狀的不滿意。

唉，我要怎麼辦才能開心起來啊？

在一旁認真看電視的小航聽到了，
轉過頭來跟她說——

阿姨，要開心很簡單呀，
直接去做一些讓你開心
的事就好啦！

我今天沒考好，也很不開心，
那就看看喜歡的動畫片，讓
自己開心一下囉。

沒考好，還好意思看
電視啊？這集看完，
趕緊去做作業了！

不過，小航說得挺對的。
當我們有"開心"的需求時，
不一定非要去解決自己的"不開心"。

直接去做一些能讓自己開心起來的
事情，不失為一個更好的辦法。

面對人生也是一樣，
很多時候，
比起鞭策自己去解決問題，

讓自己去創造想要的未來，
才是一個更加省力的選擇。

當我們想做出一些改變，取得一些進步的時候，總會下意識進入這個流程：

審視自己 → 找出問題 → 分析（誇大）問題的嚴重性 → 製造壓力 → 產生動力

看似順利，但現實卻是：我們常常沒辦法堅持下去，總會中途放棄。

究其原因，其中有一個很大的誤解：我們以為焦慮會產生動力，其實不然，焦慮反而會產生懈怠。

相反，當我們開始不把自己當成一個"問題"，不再攻擊自己，成長反而會悄然發生——

想要擁有更健康的身材，先停下"我好胖"、"我好醜"的自我攻擊，在自己可接受的範圍內，有規律地進行運動和飲食，時不時獎勵自己偷偷懶、吃好吃的。

想要提高自己的學習和工作能力，先停下"我好笨"、"我好懶"、"我比別人差"的自我指責，沉下心來問問自己：我期待自己變成什麼樣子？

然後，帶著對自己的愛，一點一點地去把"期待"變成現實。

03

怕說錯話，怕做錯事？
我們不會因為"保持正確"而被愛

最近在看一部劇，叫《三十而已》，

裡面一對夫妻的爭吵場景，
很值得討論。

老公陪老婆去醫院做完手術，
兩人在店裡吃早餐，

老婆感嘆，不知道從什麼時候起，
兩人不再坐同一邊吃飯，衣服不再一起洗。

以前我們談戀愛

還有剛結婚的時候

我們吃飯都是坐在一邊的

我們恨不得

偷偷地把手放在桌子底下

可是從什麼時候

你就坐到對面去了

點菜

上菜

然後用最快的速度吃完

最多評價一下菜的鹹淡

老公第一反應，
不是直面兩人關係中出現的這道裂縫，
而是反駁和為自己解釋。

我覺得你記憶可能出現偏差了

我們之前吃飯是坐在一邊的

後來不是因為有一次

我們去一家特別火爆的餐廳

人特別多

你不願意和別人併桌

才讓我做到對面的嗎

就像那天你問我

衣服為什麼我自己的都單洗

那不是因為兩年多之前

我洗壞了你兩件真絲的衣服

你跟我說讓我別碰

很多人看到這一幕，
估計都跟他老婆同樣反應。

就當我剛剛的話白說了

老婆在試圖溝通，解決兩人的問題，
可是老公卻在爭對錯。

他好像說得都對，什麼都沒做錯，
可是話一出口，一下子就把對方推得好遠。

我發現，無論是在諮詢裡還是生活中，
像這樣執著於"爭對錯"的人真的不少。

我曾經遇到一個合作的夥伴小 A，
因為一些原因耽誤了專案的進度。

這不僅拉低了團隊的效率，
還搞得大家都不太愉快。

其他人都在忙著想辦法，儘快趕上，
她卻花了很多時間去解釋對錯，

如果我們把這種"處處爭對錯"的
處事方法帶到親密關係裡，又會怎
麼樣呢？

努力地想說服大家：
這不是我的問題，我沒有做錯。

最近，閨蜜小盈重返職場，
她媽媽過來幫她帶孩子。

有一天下班回家，她看到孩子膝蓋擦傷了。

寶寶，你的腿怎麼受傷啦？痛不痛啊？

今天外婆帶我下去玩，跑太快，摔了。

媽，小寶很好動，下次帶他去玩，您多看著他。

她只是隨口說了一句，媽媽卻反應很大，一直跟她解釋，甚至有點生氣。

都怪這孩子太皮了，我一直看著也看不住啊！

而且是樓上那孩子撞了小寶，小寶才摔跤的，是人家家長沒看好孩子啊。

哪裡是我沒看好他？這可不能怪我！！

因為小寶摔了這一跤，小盈媽媽再也不願意帶他下去玩了。

外婆，我想下去跟小奇玩，我好幾天沒去了。

我們不去了啊，一會兒你跌倒撞到哪裡了，你媽媽又要怪我了。

小寶很傷心，哭著跟媽媽抱怨，說不喜歡外婆。

本來一家人和和氣氣的，一下子鬧得有點僵。

105

小盈沒有辦法，只能來找我訴苦。

唉，我也沒有說我媽什麼啊，她怎麼就生氣了呢？

我也有點意外，我記得你說過她很寵小寶的呀。

是啊，你看上次小寶發燒了，她一晚上不睡覺，隔兩個小時就給他餵水、測體溫，比我還緊張。

可是一旦出什麼問題，即便是很小的事，她都很生氣，一定要證明自己沒有錯。

在小盈的描述中，媽媽一直都是一個活得很"正確"的人。

認真讀書，認真工作，到時間就結婚生子，細心照顧一家老小。

她是個安安分分的好女兒、好妻子、好媽媽、好兒媳，從來沒有做過"錯事"。

或許，這也是我們大部分人的成長過程吧，只敢做"對的事"，是因為我們很少能體會到"無條件的愛"。

在學校，要考高分，要守紀律，
才能得到老師的認可；

在家裡，要勤快聽話，要符合爸媽的期待，
才能得到他們的誇獎；

不小心說錯一句話，做錯一件事，
就會受到批評和責罰；

在這樣"獎懲分明"的標準下，
我們時刻被一種"不安全感"裹挾著。

開始在潛意識裡相信，
犯錯的人，是不會被接納的，
我必須努力證明自己是對的，
才能得到外界的認可。

甚至於，有時候出於對"犯錯就要挨打"
的恐懼，我們會慢慢變得不敢承擔責任。

就像《三十而已》中的老公，面對老婆的
質問，一衝動就離婚了。

職場上的小 A，
由於害怕犯錯，很難伸展拳腳。

還有小盈的媽媽，和小盈一有"育兒分歧"，
就想收拾東西回老家。

講到這裡，我想起武志紅老師
曾經講過的一句話：

總想正確地活著，其實
是一種虛弱。

當我們拿著一套"標準答案"，不斷對照審
視自己的一舉一動時，表面上，我們的努力
得到了他人和世俗的肯定；

而背後，卻藏著深深的依賴和恐懼，
依賴外界的評判標準，
恐懼被他人拋棄和隔離。

當然，我沒有說"正確地活著"不好，
很多時候，我們需要"正確"，
它確實給我們帶來不少安全感。

我想說的是，如果你"正確"了太久，感覺有點累了，

或許可以試著放下這種"對與錯"的執念，去聽聽自己內心真實的聲音。

分享一個我自己的經驗。我曾經是一個很害怕輸的人，對我來說，輸就是一個不能接受的錯誤。

直到大學時的那場趣味運動會，我不幸抽中最不擅長的乒乓球，拿了倒數第一，拖了班級的後腿。

可是，那次"倒數第一"，卻給了我一種奇妙的體驗，班裡沒有人怪我，沒有人嘲笑我。

大家很熱心地教我，拍子要怎麼拿，步子要怎麼踩，還約我以後一起打乒乓球。

原來，輸掉比賽並不可怕啊，

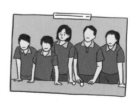

它不是一個錯誤，只是一種不同的人生體驗而已。

人生中的其他事也一樣，
其實並沒有那麼多"該不該"、"對與錯"。

少一點向外界標準尋求答案，
多一點向內心問問自己的想法：

"拋開那些所謂正確的事，
還有什麼是我真正想做的？"

如果你有了答案，不妨大膽去試試吧，

即使犯了錯，
我也相信你可以想辦法解決的。

進入心理諮詢行業這麼多年，經常有來訪者問我這樣的問題：

老師，我這樣做難道不對嗎？

老師，我不敢，萬一說錯了怎麼辦？

老師，我也想這麼做，但理智告訴我不可以啊！

在他們心裡，總有很多"正確"的標準；在這些標準之下，他們小心翼翼地工作、生活，害怕做錯一個選擇。

這些標準從何而來呢？

它們可能來自外界的要求，可能來自父母的教育；在成長的過程中，慢慢化入我們的"超我"，嚴格地管控著我們的一舉一動。

佛洛伊德認為：當超我和自我產生衝突時，我們就會產生嚴重的"道德焦慮"，覺得自己做錯了。而做錯了，則意味著沒有價值，不會被愛。

如果你們也正在經歷相似的痛苦，我有兩句話想送給你們：

一、如果我們被"正確"管控，就很難綻放內在的生命力。

二、終其一生，我們不會因為"保持正確"而被愛。

04

"那我到底該怎麼做才能變好？"
其實你可以帶著問題生活

剛剛結束了一場諮詢，

來訪者是一位剛離婚的女士。
她最近連著好幾個星期失眠，
情緒也很低落。

她擔心，再這樣下去，自己會憂鬱，
於是迫切地想解決這個問題。

她聽白噪音，

吃褪黑激素，

睡前泡熱水澡，

把能想到的方法全都試了一遍，
卻依舊不奏效。

她迫切地想找到一顆"靈丹妙藥"，
但卻事與願違，不僅沒有睡著，自
己也更焦慮和痛苦。

其實，我身邊也有不少人，在遇到
生活難題時，總是急著找"一鍵
解決的按鈕"。

這很正常，畢竟誰都想趕快搞定
煩人的事情，但今天我想說的是，

比起"解決問題"，有時，我們更
需要"帶著問題生活"的能力。

我的朋友笛子，就曾帶著"飲食障礙"
的問題生活了好幾年。

從小，笛子就不是苗條的女孩，
經常被班上的男同學嘲笑。

113

這讓她對自己的身材越來越不滿意，
尤其是上了大學之後，愛美之心就
更強烈了。

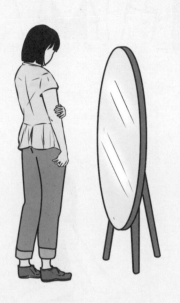

她很想減肥，卻又抵抗不了美食的誘惑，
慢慢地，她出現了飲食障礙——
忍不住嘴饞的時候，
總會暴飲暴食，再摳喉催吐。

她深知這種行為是很病態的，
每次她催吐完，站在洗手台邊漱口時，
都不敢看鏡子裡的自己。

她覺得，自己正在變成
一個"怪物"，而且，她
偷偷在網上搜索資料，
發現"催吐"還可能會引
起食道癌和其他併發症。

這一切，都讓笛子陷進了
巨大的恐慌裡。

於是她更加著急地想戒掉這個習慣，
但每一次嘗試都會失敗，
甚至導致下一次更加嚴重的暴飲暴食。

笛子很痛苦，也很無助，不知道到底要怎樣做，才能停下這種"病態行為"，讓自己回到正常的生活軌道。

在和飲食障礙做鬥爭的這一年多裡，她自我厭棄的情緒越來越強烈，整日憂心忡忡，愁眉不展，連走路的步子都變得沉重。

那段時間，她還會反覆做同樣的噩夢，夢裡，有一隻怪物追著她跑，

笛子不是沒有試過找人傾訴，當她找閨蜜聊的時候，閨蜜試著幫她分析問題、解決問題。

眼看著就要被它追上，她想用力往前衝，腳卻像灌了鉛一樣使不上力。

你這個病還是得想辦法治好

可是這卻讓她更確信：自己真的遇上大麻煩了。

直到後來，她和表姐提到這
件事，問題才出現了轉機。

表姐當時的反應，讓笛子有點出
乎意料，她的語氣雲淡風輕——

我以前也會這樣啊，但
現在已經好了。記得不
要太頻繁就好，不然確
實會影響健康的。

表姐的回答，在她佈滿陰霾
的心裡灑進了一縷陽光。

和閨蜜相反，她沒有逼著笛
子看醫生，也沒有說這個習
慣有多不好。

笛子突然意識到，原來，不只她一個人
在面對這個問題，表姐也曾帶著這個
問題生活，現在依舊活得很好。

原來，她可以不用逼著自己
一下子消滅掉"怪物"，
只要降低頻率就好，這是她
可以做到的，

想到這，她的心情終於稍微輕鬆起來。

後來，當"飲食障礙"再次出現時，
笛子會先放下責備自己的念頭，
她試著跟自己說："只要降低頻率就好，
不用太慌張。"

當我們堅持著"只有解決問題才會好"
的念頭，不停地鑽牛角尖時，
這個念頭就會觸發很多消極情緒，

就這樣，從一周兩次到一週一次，
再到半個月一次，
她一點點地驅散了對"問題"的恐懼，
也一點點地學會了和"問題"共處。

比如恐懼、焦慮或是憤怒。

雖然直到現在，怪物還是偶爾會出現，
但已經不太會影響到她的生活了。

這些情緒會放大問題，
也可能困住我們，
讓我們付出的努力都適得其反。

笛子的故事就講到這裡，
今天我想和大家分享的是：

大多數時候，壓垮我們的不是問題，
而是對"解決問題"這件事的執念。

相反，當我們放下"必須解決問題"的執念時，我們的心態會更平和，也就能更坦然地面對問題。

也許最終問題會被解決，也許會像李松蔚老師說的——變化隨時在發生，"問題"有時也不那麼需要被解決了。

就拿我自己來說吧，我身上也有很多"沒有被解決掉"的問題，

比如拖延這件事。

曾經，我想盡了辦法克服它，但"拖延症"卻特別頑固，克服它的過程還搞得我很煩躁。

直到後來，我決定放棄，

我試著放下"必須要克服它"的執著，帶著"拖延"一起生活。

是不是因為自己並不喜歡這件事？

還是找不到做下去的意義？

是不是壓力太大了？

我發現，這些思考和體會是更珍貴的東西，拖不拖延的，也沒那麼重要了。

最後，我想用一首詩的節選，作為今天的收尾送給大家：

你要先帶著問題去生活，而生活會逐漸地、不知不覺地，在一段時間後，越來越接近你要的答案。

——里爾克

經常有讀者在網站平台後台留言，跟我訴說生活裡的煩惱。

交談的過程中，我常常看到這樣的留言："那我到底該怎麼做才能變好？"

我能理解大家的無助和焦慮，但同時，我也想跟大家分享一個新的嘗試：試著放下對"解決問題"這件事的執念。

這會讓我們減少因"執念"而產生的負面情緒，讓我們有更平和坦然的心態，也就讓我們更能看到問題的本質。

斯科特·派克在《少有人走的路》裡寫道："所謂人生，就是一個個問題接踵而來。"

在這樣的人生裡，我們接題、解題，或許能解決一些問題，但總會有無力的時候。在這些時候，就給問題多點時間，給自己多些接納吧。不妨帶著覺察，和問題相處，也許我們會有新的思考，也許問題會有新的變化。這些思考和變化，最終會轉化為"成長"二字。

前幾天，聽到同事在聊"自律"的話題——

開始健身之後，每天連做夢都是教練在喊"腿抬高"、"再蹲 3 分鐘"，太可怕了！

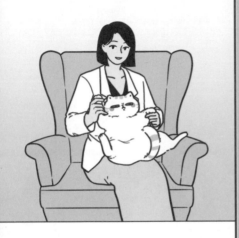

聽完他們的吐槽，我想說：

為了把自己塞進去年的裙子裡，中午沙拉，晚上白煮蛋，減肥的日子太苦了。

自律這件事，真的註定是痛苦的嗎？

最近在考證，每天下了班，還得逼自己看三個小時的書，看得眼睛發痠。

很多年前，在看了《少有人走的路》之後，我改變了這種看法。

作者在書中提了一個觀點，

要把愛和自律結合起來，
越自愛，
越能自我完善。

今天就來分享一下小麥的故事，
或許你也能從她的故事裡獲得一些啟發。

小麥是一個很追求自我成長的人。
2019 年的時候，她白天上班，晚上
到商學院上課，中間還得挪時間接
女兒放學。

也就是說：要實現自我提升，
靠的是愛自己，給自己更多的接納、寬容，

而不是一味地約束、挑剔和批評。

好好好，我馬上就到。

就連週末，也安排得滿滿當當，
游泳課、烘焙班、看書做練習……

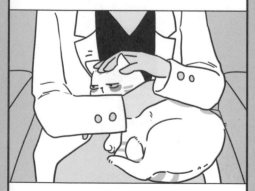

環顧四周，我發現身邊朋友這些年
的變化，都在印證這一點。

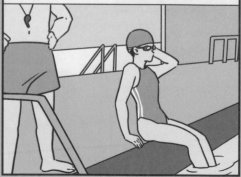

她的生活，每天都像被擰緊了的發條，一刻不停歇，而她堅持下去的動力，就是不停地自我譴責。

比方說：
上課遲到了，她就會在腦內開啟一個尖銳刻薄的聲音——

這麼貴的課，居然還好意思遲到？

本來課程就緊，跟不上怎麼辦？

當媽的，要給孩子樹立好榜樣，你這樣可不行。

把自己徹頭徹尾地攻擊一遍後，她決心下次做得更好。

下次一定要提早到！

這種"自我批評—再改善"的模式，她屢試不爽，

但超負荷的運轉，讓她的身體開始吃不消，體檢報告上出現了好幾個異常的數字。

......

她的內心也變得十分緊繃，每天都是戰戰兢兢的。

有時難得陪家人出去旅遊，老公和女兒盡情地玩，但她還是苦兮兮的，時不時翻看工作資料。

倒不是因為真的忙，
而是她在提醒自己：

"不能放鬆懈怠啊，
一放鬆就會不思進取，就會墮落。"

那節金融課，她遲到了十幾分鐘。

今天怎麼
有點晚？

直到有天，下班接了女兒放學後，
她本應該趕去上課，但肚子實在餓得不行，

不好意思，今天接女兒
放學，太趕了。

回到座位後，她照常聽課，照常做筆記。

她發現，平時都是餓著肚子上課，
今天吃飽了，反而更能集中注意力了。

又想起體檢報告上的"血糖過低"，
猶豫了一會兒，她就近找了個餐館，
吃了碗熱呼呼的麵。

那晚過後，她的心裡似乎有些
東西開始鬆動起來。

之後，在閨蜜的建議下，
她調整了上課時間，
不再安排得那麼緊湊，

每當做不好的時候，
也總會想起那一碗熱騰騰的麵。

她會提醒自己，寬容一點，
慢慢來也是可以的。

沒事，我是新手，
搞砸也是正常的。

她的心裡，除了自我譴責，
漸漸多出了對自己的愛和憐憫——

週末睡過頭了，就理直氣壯地繼續睡；

看不進去書了，她就會
允許自己緩衝一下；

聽聽音樂，泡一壺清茶，
享受片刻的悠閒。

今年年初，她順利拿到 MBA 證書，
整個人的狀態也變得好了很多。

而比這些更大的收穫，
是她分享的一個覺察——

以前一直執著於給
人生開困難模式，

現在才知道，對自己
溫柔點，更容易過上
好日子啊。

這樣的體驗，對小麥來說，
真是一個很大的成長。

回到一開始的話題，

我之所以鼓勵大家用愛自己的
心態來自律，原因其實很簡單。

自我批判，也許能讓我們一時緊
張地提升，但也會讓我們消耗過
多心力，越走越無力。

只有關懷自己，
和自己達成足夠好的合作關係，

自律這件事，才會變得
更有彈性，更容易堅持。

那要怎麼樣，才能做到這種
基於自我關懷的自律呢？

我想分享一個"去中心化"的
練習方法。

想像一下，你最好的朋友或親人，
和你一樣正在努力地自我提升，

當他堅持得很辛苦時，你會怎麼
用善意來鼓勵、包容他呢？

就拿我自己來說吧

我是個特別容易丟東西的人，為
了戒掉丟三落四的毛病，我會逼
自己——把經常用的物品固定在
某個位置；

出門前確認自己帶了幾樣東西，
每離開一個地方，就檢查這幾樣東西是否齊全；

鑰匙、錢包、耳機……

在手機上寫便箋，記下丟東西的原因，
提醒自己不能再犯。

但還是會有做不到的時候。

有次和閨蜜去旅遊，返程時，
我怎麼都找不到身份證。

酒店裡，我一遍遍地責罵自己──

出門前不是都提醒
自己檢查了嗎？

怎麼還是這麼粗心
啊？怎麼不把自己也
弄丟了？

閨蜜抱了抱我。

我也是個粗線條啊。想
想平時你都是怎麼安慰
我的。別自責啦。

她的話，一下就把我的心情撫平了，
我想到我以前安慰她時說的話──

已經很久沒丟東西了，說明之
前的努力是有用的。這次只是
走得太急，不全怪你呀。

在那之後，我還是會努力去養成細心的習慣，
但偶爾犯糊塗的時候，我就會想：

如果是我閨蜜，
我會怎麼寬慰、體諒她？

選一張代表你此刻情緒的貼紙，貼到封面上，抱住它吧。

想明白之後，我就能跳過自我否定的內耗，直接解決問題了。

今天說這麼多，其實總結起來就一句話：

愛和善意，
比苛責和鞭策更能幫助我們成長。

那麼，看到這裡的你，對自己還好嗎？

如果你還在用一種逼迫、折磨的方式來催促自己進步，

我想請你，跟我一起練習一個動作：

舉起雙手，交叉環抱自己，

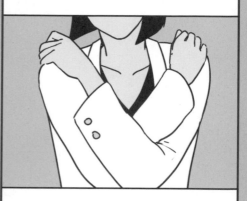

拍拍你的肩膀，

然後告訴自己：

"過去的，我已經做得很棒了。
剩下的，我真的可以慢慢來。"

看完漫畫，也許有讀者會擔心：如果我用愛、善意和寬容來對待自己，我會不會因此就懈怠了，墮落了？

我想說，"自律"並不意味著消除懶惰。

自律，是一種懷抱著變好的期待、主動施行的、更健康的生活方式。在對自己的愛和期待下，人一定是會有向上的力量的，因為這才是最有效的內在動機。

換句話說，如果你願意真正地關懷自己，你也會自發地做讓自己成長的事情。

講到這，我想起一個很喜歡的英語片語——take baby-steps（像嬰兒一樣前進）。放到今天這個話題，同樣合適。健康的自律，永遠無法一蹴而就，也不是緊緊逼迫自己、鞭策自己，而是懷抱著一個美好的願景，然後一步步地靠近它。

在這個過程裡，你的步伐可能會很小，你可能會需要偶爾停下，還可能會犯糊塗。但這都沒關係，因為在對自己的愛和善待下，我們終將活出一種更有彈性的、更自在的姿態。

PART 3　親密關係

生活中，我們經常會聽到一句話：
"你快樂，所以我快樂。"

也有人把它作為關係的準則，
覺得要努力照顧對方感受，感情才能長久。

但今天我想說，
在關係裡，"讓自己快樂"
比"努力"重要多了。

朋友阿黎分手半年後，約我出來吃飯，
她感嘆自己在上一段感情裡太用力了。

她會為他早起，
變著花樣做便當；

明明對足球不感興趣，
卻陪他熬夜看球賽；

也會給對方足夠的空間。

今晚阿強約我出去喝幾杯，晚點回，就不跟你吃飯啦！

嗯嗯，那我自己吃，不用擔心我哈！

阿黎認真地經營著這段感情，恰到好處的撒嬌、隨叫隨到的陪伴、點到為止的關心，

她時刻把男友的感受放在第一位。

可日子一久，她覺得越來越累，

兩人的矛盾越來越多。

講到這裡，阿黎灌了一口啤酒，藉著酒勁說：

我都這麼努力了，把能做的都做了，結果卻吃力不討好。

唉，以後再也不想這樣了。

我覺得，她這份覺察真的特別好

總是優先考慮別人，常常會讓自己筋疲力盡。

所以我想告訴大家，在任何關係裡，你最需要做的事，都是"優先看見自己"，

優先考慮自己的情緒和需求，並嘗試表達出來。

用大白話說就是，"自私點"，讓自己
先快樂起來。

可能有人會問："如果每個人都只顧著
自己，關係還怎麼維持？"

關於這個問題，我來給大家整理，
"優先看見自己"會導向的兩種結果。

第一種是，
"我"快樂，"你"也快樂。

工作室的小可，
說她和朋友 Y 五年多的友誼，
就是靠這種模式維持下來的。

去年 Y 剛離婚時，每天都會找她
吐苦水，有次她加班到 11 點，回
到家已經累癱，

卻還是接到 Y 的電話。

我好難過,你能
陪我說說話嗎?

當時她睏得要命,
只想好好休息。

親愛的,我今天實在是加了
太久的班,身體急需充電,先
不聊了,明天找你吧。

第二天小可就回了電話,
和 Y 聊了兩個多小時,

因為休息好了,她更有耐心去陪伴、傾聽,
Y 感受到了朋友真誠的支持,心情也好了很多。

前幾天,她們約好要去看畫展,
Y 卻臨時有事,放她鴿子。

後天那個畫展,
我不去啦。

小可沒有強顏歡笑，表示理解，
而是坦言自己的失望。

我們約了那麼久，
你說不去就不去，
我很不開心。

說開了之後，兩個人的心裡都舒服了很多，
最後，她一個人開開心心去看了畫展，

還拍了很多照片給 Y 看。

看起來，小可在這段友誼裡
似乎有點自我。

親愛的，我今天實在是加了
太久班，身體急需充電，先
不聊了，明天找你吧。

可是她說，在她把情緒宣洩出來後，
她不會心存怨恨，還可以大大方方地
和 Y 分享快樂，

也能在照顧好自己的感受之餘，
給她更多的慰藉和支持。

所以你看，當我們好好滋養自己時，
自然會有溢出的力量，去滋養他人。

而我想說的第二種結果是，

"我"快樂了，"你"卻不快樂了。

電視劇《香港愛情故事》裡，
媽媽莫少霞的故事打動了我。

他們一家五口，
生活在不到三坪的房裡，

媽媽每天有做不完的家務，
還總被老公挑剔、怨罵，

為了維持這個家的表面和平，
她習慣性地壓抑自己。

就這樣忍辱負重地生活了三十多年，

在她生日那天，
她給自己送了份生日禮物——離婚。

不知道什麼時候起

他站在那兒，吃口飯、說句話

就算只是坐在那兒

我都覺得我好像喘不過氣

我只覺得我很不開心，很想離開

這是她在這部劇裡，
第一個"優先看見自己"的時刻，

137

但家人的反應卻很激烈。

兒子不理解，說一家人不用算得那麼清楚。
丈夫大發雷霆，拒絕簽離婚協議。

但她很堅定，也做出了改變：
畫清界線，去茶餐廳找工作，
搬進了臨時宿舍。

跟你爸爸從今天開始就正式分居
以後他是他，我是我
以後不會全天候 24 小時伺候你們

其實，她不是沒有猶豫和掙扎過，

她也擔心離開後，
丈夫不開心，子女有怨恨。

但那些被壓抑的感受越強烈，
她就越渴望離開。

當她終於過上屬於自己的生活，
過去那些困擾她的聲音，那些阻礙她的關係，
也變得無關緊要了。

今天我講這個故事，就是為了告訴大家：
關係裡最重要的體驗者，是"我"本人。

當你在一段關係裡，
自己感覺良好了，
對方卻不開心了，
那你可以問問自己：

"我是真的需要這段關係嗎？
我要的到底是什麼？"

以前上學的時候，我也會花費心思
來維持與很多人的關係，

直到後來，我想通了一件事：
一段健康的關係，是兩個人都感覺自在的關係。

如果有人因為我"優先看見"自己，
就指責我胡鬧、不好相處，或者離開我，

那我只能說一句：
如果"我快樂"這件事，
讓你這麼不高興，那請你好走不送。

當然，在有些關係裡，
我們沒辦法一下子就這麼灑脫，

但我還是鼓勵大家，學會關懷自己。

也許你依舊會離不開那段壞的關係，
但這至少能讓自己開心一點，
再開心一點。

久而久之，你會習慣積極的體驗，
也更願意花時間去覺察自己的情緒，
尊重自己的需求。

慢慢地，也就能存夠力量，
去選擇、靠近其他滋養型的關係。

這個過程很長，

但只要邁出第一步，理直氣壯地
把自己放在第一位，

你就會發現自己越來越有魅力，
關係也越來越清爽。

美國休士頓大學有一項心理學研究證明：

親密關係中，更多的自我決定（self-determination），會帶來更少的負面情緒和更多的積極行為，提升關係的整體幸福感。

而所謂的自我決定，其實就是漫畫裡說的——

堅持發出自己的聲音，堅持優先看見、尊重和照顧自己的感受。

曾在我們網站平台的留言區，看到一條暖心的評論。

讀者說她在結婚前一天問老公，覺得她還有哪些需要改變的地方。

老公提醒她說："對自己更好一點。"

那麼，同樣地，我也想提醒看到這裡的你：

無論進入哪段關係，都記得挺直腰，穩穩地把自己放在第一位。

不知道你有沒有經歷過這種困惑：

明明有的關係，在旁人看起來還不錯，
但你就是感覺很不舒服。

讀者蕭瀟就有這樣的經歷。

她和閨蜜 C 從小一起長大，
有著一段將近 20 年的友誼，

但只要和 C 待在一起，
她就會覺得自己很差勁。

比如，C 常常會旁若無人地
指出她的毛病——

你那麼胖，不要點太多糖的。

你這沒胸沒屁股的，不太適合。

你看你毛孔這麼大，還愛長痘，怎麼不懂得好好打理一下自己？

又比如，C 很愛和她比慘。

每一次 C 找她聊天，她都會認真傾聽，但當她找 C 訴苦時，對方的反應都是：

你那點小傷小痛算什麼啊？我可是做過手術的⋯⋯

還說你呢！我家那位最近也沒讓我少操心，昨天我們還大吵了一架。

是嗎？哎，我跟你講，我當時可比你慘多了！

也許 C 是想用同樣的遭遇來安慰她，但幾乎是每一次，都會變成 C 一個人的話題。

3#@&⋯⋯

這讓蕭瀟覺得，C 並不關心她發生了什麼，在她面前，自己一點都不重要。

143

C 有時還會單方面和她冷戰，
並讓她很有負罪感，覺得自己是個壞人。

上個月她和 C 約定去做水療，
結果路上堵車，遲到了半小時，

C 指責她沒時間觀念，一整個下午都不理她。

直到晚上她道歉了好幾遍，
C 陰沉的臉色才有些緩和。

都怪你，毀了我
一天的心情！

雖然最後又和好如初，但她心裡很不是滋味，
因為每一次鬧矛盾，她都得先道歉，

而且就算她道過歉，
C 還是會在她們下次吵架時重翻舊賬。

你忘了上次就是因為你遲到⋯⋯

每一次，別人說羨慕她們能
做這麼久的朋友時，

人生能有多少個十年，真羨慕你
們這樣的友情，要好好珍惜啊。

她的內心都五味雜陳。

一方面,她感覺 C 說的話似乎也沒錯⋯⋯

她說話不加修飾,但很有道理啊,我確實有很多問題要改

唉,她也是為了安慰我,我不該跟她計較太多。

別人看不見,還覺得很正常,但她就是很厭煩。

反正總要有個人道歉嘛,自己遷就一下算了。

另一方面,她心裡又隱隱有些不舒服,明明和別人一起的時候不會這樣。

那些不痛快的瞬間,就好像行走時掉進鞋子裡的沙礫,

今天我想告訴大家,如果你和蕭瀟一樣,在一段關係裡長期遭受到這樣的壓力,

那麼你要警惕了:這可能不是一段好的關係。

什麼是好的關係呢？
外界總是存在著各種各樣的標準，
來幫我們判斷一段關係的好壞，

但是啊，我們卻常常忘了問一問自己的內心：
在這段關係裡，我感覺怎麼樣？

曾奇峰老師曾經這樣形容"真正的愛情"

我見到你之後，我覺得我很好，所以我愛上你了。

容我延伸一下，其他關係也可以這樣類比，
不論友情、親情，還是職場關係。

可能有的父母，沒辦法給你很好的
物質支持，但是你在他們面前，卻
總是能感受到溫暖，也時常覺得自
己很好。

可能有的伴侶，沒辦法時時刻刻給予陪伴，
但是在他面前，你覺得自己會"發光"，
哪怕兩個人什麼都不做，也會覺得很自在。

可能有的上司，平時會比較嚴厲，
但跟著他在職場裡學習時，
你總能發現自己身上的閃光點。

也就是說，在對方面前，如果你感覺
自己很好，甚至比以前更喜歡自己，

那麼這段關係就已經彌足珍貴。

如果你在某段關係裡，總是來回審
視自己，覺得自己很糟糕，那麼這很
大的機率是一段 "有毒" 的關係。

朋友小歐在與父母的關係裡，
也曾感到很困惑。

她家境優渥，從小到大，無論想要什麼，
父母二話不說就給，

他們也一直對她關愛有加。

身邊的朋友都很羨慕，但她卻總跟我訴苦。

其實我在家裡過得，
並不開心。

原來，她的父母對她有很強的
掌控欲，小時候翻她的日記，長
大了又干涉她交男朋友。

每次和他們單獨相處，我都
會覺得很不自在，感覺我的一
舉一動都被他們監視著。

小歐其實試過反抗，但每次都會很愧疚，覺得爸媽對自己這麼好了，她不該這樣挑剔。

她很糾結，想讓我給辦法。

你可以試著回憶一下，和你爸媽相處時，有哪些時刻覺得自己很好，又有哪些時刻覺得自己很差勁？

回憶的過程裡，她發現，那些自我感覺良好的時刻並不多，

但卻有無數個時刻，讓她覺得自己很糟糕。

你們為什麼要偷看我的日記……

你怎麼不乖不聽話了？居然瞞著爸爸媽媽有小秘密。

她意識到，這段邊界不清的關係已經讓她如此痛苦，是時候及時止損了。

所以後來，雖然她沒法馬上讓父母建立邊界意識，

但她不會再因為"反抗"而感到抱歉，也逐漸有了自信。

我覺得那個男孩挺好的，你們別總是干涉我交朋友。

看到這裡的你，如果正受困於某段關係，也可以問問自己：

在這個人面前，我有過多少"覺得自己不錯"的瞬間？

想清楚這個問題，我想，
你的心裡就會浮現出答案。

我很喜歡諮詢師 @ 欒晶老師的一句話：

"請在任何時候都相信，
你的感受是真的，
儘管感受的依據未必是真的。"

 蕭蕭

慢慢老師，我該怎麼做才好啊？

慢慢

在這段關係裡，你感受到的難堪和無力，這些都是真實的。

慢慢

但這些感受的來源——

慢慢

比如你覺得是自己不夠好，不自律，她才要督促你；

慢慢

或者你覺得是因為自己不重要，她才會忽略你——

慢慢

這些她傳遞給你的資訊，都未必是真的。

慢慢

你只需要看到真實的部分——
"你感覺自己很不好"，然後聽從內心的選擇。

因為這些最直接的體會和感覺，
往往是潛意識想要我們做出的回答——

舒服的關係可以留下，
不舒服的關係，可以嘗試溝通和解決，
但沒必要勉強和委屈自己，去苦苦維持。

就像鞋子進了沙，
我們最該做的是倒掉沙子，

要不然，厭煩的還是我們自己。

在曾奇峰老師的一次諮詢解析課上，有學生聊到一個兩性關係裡普遍存在的困惑。

"什麼樣的愛情，才是最好的？"

看到這裡，也許你會列出各種標準，比如性格契合，比如聊天很投機，比如雙方能互相成就。

但曾老師的回答卻很妙，他說：

"在親密關係中間，我們要做的非常重要的一件事情就是照鏡子。

好的親密關係，就是在你面前，我覺得我很好，我很可愛。"

在我看來，這個道理，同樣可以擴展到其他的關係裡。

無論是親情、友情，還是最普通的關係，要判斷它們好還是壞，比起去看對方怎麼樣，或是聽取外界的聲音，不如問一問自己：

我在這個人面前，有沒有覺得自己很好？

想清楚這件事，我們也許就能在讓自己困惑的關係謎題裡，找到思路。

男人得在事業上有野心啊，可偏偏他總是不爭不搶的，急死我了！

既然你這麼在意，為什麼不分開呢？

我才不甘心呢，只要想辦法讓他上進一點，他就是個"滿分老公"了。

表妹之所以生氣，是因為男友不符合"應該有的"樣子。

其實，不少來訪者也經常跟我訴說這樣的苦惱。

同事之間不應該和睦相處嗎？為什麼她對我這麼有敵意？

我花這麼多錢給孩子請家教，他不應該好好做作業嗎？

結婚了不應該以家庭為重嗎？老公還三天兩頭約朋友聚會，氣死我了！

他們的苦惱，都來源於同一種思維方式。

應 該 思 維

頭腦中已有一套規則，試圖讓世界和他人都按照這套規則運轉。

"應該思維"一旦上了頭，

人很容易陷入理想和現實的衝突裡，感到焦慮、沮喪、怨恨甚至憤怒。

比如我表妹，平時和男友恩恩愛愛，但一想到他不符合"男人應該上進"這個規則，

她就忍不住去說他，想把他捏成"應該有的"樣子。

可對方不是橡皮泥啊，並不樂意配合，她便一次次陷入焦慮和憤怒中。

其實，很多時候，當我們迫切想要改造對方，問題不是出在對方身上，而是出在我們自己身上。

比如我表妹，當我問她：

"你男友也不算懶散，為什麼你一定要他更上進、更優秀呢？"

她不假思索地回答："因為我也是這樣要求自己的啊！

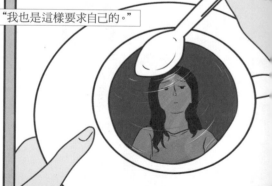

"我也是這樣要求自己的。"

這句話，一下子揭開了"改造別人"背後的真相。

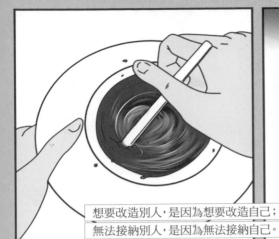

想要改造別人，是因為想要改造自己；
無法接納別人，是因為無法接納自己。

表妹從小家教很嚴，
考不到第一，會被爸媽冷落；
拿不到獎，會被爸媽懲罰。

這次怎麼才 98 分？

別人能拿第一，
你為什麼不能？

放假也不能鬆懈的……

別人能拿第一，
你為什麼不能？

不許看電視！

對你嚴格要求也是為你好，優勝
劣汰懂嗎？你不夠優秀怎麼能
在這個社會好好生存？

所以，她從不敢偷懶，從不敢休息，
一直狂奔在"變得更好"的路上。

她的心裡，生長出一個"應該自我"，
每天督促自己：我應該不怕累！我應
該更努力！我應該當第一！

機器也有罷工的時候，
更何況人呢？

她也會失敗受挫，也會有做不到
的時候，每次被"應該自我"逼到
角落，焦慮得不行時……

她只能把焦慮泛化，
投射到身邊親近的人身上，

比如，朝夕相處的伴侶。

希望通過鞭策對方，把對方改造
成自己想成為的樣子，來緩解自
己的焦慮，找回一些掌控感。

發現了嗎，很多時候，
我們用"應該思維"去評價和改造別人，

是因為我們心裡藏著一個被"應該自我"
要求著的、焦慮得不行的真實自我。

可是，改造別人，就能讓自己不再焦慮嗎？
很遺憾，不僅不能，還會帶來不少痛苦。

前陣子表姐懷孕了，為了照顧她，姑姑
搬過去和他們小倆口一起生活，本來
和睦的家庭關係，開始有了矛盾。

表姐夫是重慶人，從小無辣不歡，
可是姑姑不讓他吃；

他平時喜歡小酌兩杯，
姑姑也不讓他喝；

他有時會熬夜看電影，
姑姑每次都黑著臉催他去睡覺。

別看了，快去睡覺！

您別管我了，可以嗎？

表姐夫實在受不了這種毫無邊界的"關心"，
一來一往，家裡的關係鬧得有點僵。

我不讓他吃辣喝酒，不都
是為了他身體好嗎？

你看他工作那麼忙，有
這個時間看電視，為什
麼不多睡點覺？

要不是把他當親兒子看，
我還不管他呢！

他這麼不領情，
哪有把我當媽？！

她多次找我給辦法，想讓表姐夫聽話一點，我表示無能為力。

作為長輩，期望孩子用她認為對的方式生活，這沒有什麼不合理的，

可是"期望"≠"應該"。

其實，表姐夫雖沒有那麼"聽話"，卻也克制禮貌，彼此保持邊界，相安無事也挺好的。

吃辣上火，你怎麼不聽話？

可是姑姑一直盯著現實與"應該"的裂痕，認為只有"改造女婿"才能填補。

結果不僅把家庭關係搞僵了，自己也時刻飽受折磨，沉浸在失望中。

我曾經聽過一句話：當你對世界，對他人，包括對自己，都沒有改造欲望，才算真正的"覺醒"。

可能有人會覺得困惑，
不改造別人，我改造自己，
讓自己變得更好不行嗎？

我們當然可以追求更好的自己，
但前提是，要先搞清楚，"更好"
的標準來自哪裡——

是來自外界的設定，還是來自我們的內心？

就像我的表妹，
她一直在"變得更好"的路上狂奔，
步履不停。

直到有一次抱病出差，情緒崩潰了，
忍不住找我哭訴：

"我感覺，我把爸媽鞭策我的鞭子
接過來了，繼續抽打在自己身上。"

以前，爸媽鞭策她，
要求她成為最優秀的那一個，
後來，她也一直這麼鞭策自己，

卻從來沒有想過，這樣的鞭策，
是爸媽的要求、世俗的標準，
還是她自己真正想要的？

我們常常困在"應該思維"的牢籠裡，
橫衝直撞，試圖找到一個舒服的位置。

我想說的是，這個牢籠只存在
於我們的想像裡，真實的世界，
從來沒有"應該"的樣子。

當你看清自己的真實需求，
不再要求自己應該做什麼，應該成為什麼樣
的人，你自然也就不再偏執於改造別人。

媽，老師給我的作文打了
58 分，說作文不應該那樣
寫，嗚嗚嗚嗚嗚……

我看看……小航寫出了自己的
心聲，這很好呀。不過可以用
一個更有趣的寫法哦！

對，讓你小姨
教教你！

當你如我所是地愛自己，
自然也能如其所是地愛別人。

在人際關係裡，不少人常常會陷入"改造對方"的執念。

儘管這麼做的結果，常常是對方反抗、關係被破壞，但很多人還是忍不住。

為什麼呢？曾有研究表明：

人們會通過提出要求或設立目標，並讓自己或身邊親近的人實現這些要求或目標，來獲得一種對生活及周遭環境的控制感。

而我們之所以需要這種控制感，其根源是：我們對自己"失控"了。

我們對自己有一套"應該思維"，覺得自己應該這麼說話，應該這麼做事，應該如理想中那樣。

而"理想"和"現實"總有差距，這個差距，會讓我們陷入失控的焦慮。

講到這裡，或許你已經明白：

只有放下"應該"的規則框架，開始詢問自己真實的感覺，我們才能找回對生活的控制感，而無須再苦苦改造他人。

剛剛去買咖啡的時候，排在前面的女孩不小心下錯單了，

我提醒她可以讓店員修改，她卻遲遲不敢開口。

拜託店員修改一下也沒什麼呀。

那個能不能……

唉，算了，說不定咖啡已經在做了，不改了，免得麻煩人家。

明明是很小的一件事，她卻陷入了糾結，

似乎對"麻煩別人"這個舉動，有著強烈的不安。

確實，在這個自我意識越來越強的時代，"麻煩"並不是一個受歡迎的詞，"獨立"才是。

難過了，我們很少找旁人傾訴，
怕打擾對方；

遇到困難，我們寧願一個人硬著頭皮扛，
也不願向人求助；

即使有人主動伸出援手，
我們也會下意識拒絕，害怕欠下人情。

可是，有時候我也在想：

這樣"反依賴、反麻煩"的相處，
真的是因為我們渴望獨立嗎？

不瞞你說，我曾經就是這樣的"獨立女性"

剛開始和老趙談戀愛那時候，
我一直堅持和他平攤家務。

換燈泡、修電視的工作
都自己上，不麻煩他。

一起生活的開銷也是 AA 制，

老趙給我買了禮物，我一定會
買一份給他送回去。

周圍的人，都羨慕他找了個這麼獨立的
女朋友，我也一直覺得，親密關係就應
該保持界限，互不麻煩。

直到有一段時間，我辭職在家進修備考，
沒有了收入來源，

比起考試的壓力，"被老趙養著"
這件事，更讓我不安。

一開始，我會認真收拾屋子、
洗衣做飯，努力去"回報"他。

後來，我實在受不了了，
提出要重新找份工作賺點錢。

你不打算好好備考了嗎？

打算啊，但我也不可以這
麼賴著花你的錢呀……

為什麼不可以呢？我願意啊。

可是我不願意，
我不舒服！

為什麼不舒服……你是不是一直把我當外人，沒當男朋友？

你是男朋友，但我也不想欠你人情啊！

我的回答，讓老趙生了好大的氣，兩三天沒理我。

我不知所措，只好去找我的諮詢師。
諮詢師聽完我的描述，問了我一些問題：

當你向他求助或者他對你好的時候，你感受到了什麼？

壓力。

來自什麼的壓力呢？

覺得我虧欠他，不知道該怎麼還他，什麼時候還得清。

細細回憶一下，在這段關係中，我總是一副"我自己都可以搞定"的模樣，其實，我也有很多很多"搞不定"的時刻。

但是，一旦想要開口去麻煩他、求助於他，我就會產生強烈的負擔感。

要不要叫老趙來接我呢？

一旦他主動照顧我、對我好，我心裡又會生出一股濃濃的虧欠感。

你來啦？哎，其實不用來接我的，你看你自己也淋濕了。

在諮詢的過程中，我想起了從小到大，父母對我的"虧欠式教育"。

媽媽捨不得吃，專門留給你，你長大了不能忘哦。

為了送你去考場，爸爸今天起了個大早，你要是考不好可就對不起我了。

家裡花了這麼多錢供你上學，你什麼時候才能回報父母？

為了回報父母，我卯足了勁努力，從大學開始，就不跟家裡拿一毛錢，一邊上學一邊做著兩份兼職，養活自己。

對家裡人和朋友，從來都是"報喜不報憂"，遇到難事，寧願自己硬扛，也不想讓他們替我擔心。

媽，我沒事，就是小咳嗽而已，很快就好了。

表面上看，我越來越獨立了，可是在與父母的關係裡，我卻依舊志忑，沒有自信。

因為這樣的教育和互動，讓我漸漸相信：

我得不到無條件的愛。

旁人對我任何的善待，都是有"附加條件"的，是需要償還的。

我得到的幫助越多，壓在我身上的"麻煩債"就越重，我就越想逃。

我想，不少人有過跟我一樣的想法吧？

曾經我們發過一篇文章，討論了
"麻煩別人" 在關係中的重要作用，
有一條高讚評論是這樣說的：

> **Amy**　　　　　　　　👍 888
> 不想麻煩別人，其實還暗含著：你們最好
> 別來麻煩我。

這位讀者，以及默默點讚的大家，
或許也正在承受著我當時承受過的壓力吧？

害怕虧欠，所以獨立。

這種獨立，

是因為沒有體會過關係帶來的美好，
不敢渴望旁人的善待和支持，才被
迫生長出來的 "假性獨立"。

就像武志紅老師說的：

很多人怕麻煩別人，難以生出對
關係的渴望，勢必會退到孤獨中。

可是，人類畢竟是社會性的生物，與他人、
與世界的聯結，對我們來說尤為重要。

比起無人可依賴的孤獨，我們真正需要的，其實是有所依賴的獨立。

如果你也和我一樣，覺察到自己對依賴的需求卻又壓抑不住那種"虧欠感"，或許，你可以試試以下的小方法：

1.
觀察一下，你身邊是否有一些人對你好，不要求你回報。

我不可以這麼賴著花你的錢呀……

為什麼不可以？
我願意啊。

2.
靜下心來問問自己：
我是不是也有很多願意真心善待別人的時刻？

如果答案是肯定的，那你也可以去相信，總會有人願意這樣善待你，每一個人，都值得無條件被愛。

3.
最後，試著在這種互相善待的關係裡，去互相需要，互相滿足。

老公，今晚你幫弗洛伊德洗澡，好不好？

可是我還要做飯洗碗哎……

麻煩你啦，今天用腦過度想放空一下！一會兒你忙完，我給你捏捏肩吧？

好吧好吧。

講到這裡，我想起演員袁詠儀
曾因為"經濟獨立"上過熱搜，

當主持人問到她家裡的"財政"問題時，
她非常大方地回答：

但我就是非常獨立的，獨立到
很少用自己的錢。

確實，獨立照顧好自己，
是成年人必備的技能，

言下之意，她經常花的是丈夫賺的錢。
我一下子被這種坦然的態度擊中了。

但我們是不是常常忽視了，

能坦然接受別人的好，大大方
方地去依賴，也是一種必需且
珍貴的能力？

原來，舒舒服服花老公的錢，並不等於
虧欠他；大大方方依賴老公，並不表示
自己不獨立。

近年來，"獨立"幾乎成為一種潮流，我們鼓勵女性獨立，教育孩子獨立，建立人際關係裡的各種邊界，自己解決自己的課題。

獨立，確實是我們必須具備的品質。但我們很多時候，都處在"假性獨立"的狀態：我們獨立，是因為覺得他人不可靠，自己不會被愛，才需要獨自去扛下一切。

我們的獨立，總帶著點"不得不"的味道。究其原因，這可能跟早年的依戀關係缺失有關。

英國著名的精神分析學家約翰·鮑爾比在他的依戀理論裡面提到：當兒童的照料者表現出冷漠和拒絕，這個兒童就會認為，自己是不值得被愛且他人是不可靠的。長大之後，他也就可能變得"假性獨立"。

如果你發現自己正處在這樣強撐的狀態中，很不舒服、想有一些調整的話，試著正視自己對他人的需求吧。

我們是獨立的個體，也需要和世界的聯結。我們需要愛，需要依賴，需要被看見，需要被放在心上。

表達出這種需要，我們離真正的獨立，就近了一步。

05

期待能擁有一個好的伴侶來治癒自己？
那你更需要一個 "沒用" 的伴侶

前幾天看到一個熱搜，
是復旦大學的梁永安教授關於
情感問題的分享：

希望愛情能解決自己人生的問題

其實在愛情問題上有很多誤區

其中一個誤區呢

我很認同梁教授的觀點。
很多時候，我們有意無意地會陷
入這個誤區，帶著這樣的疑問去
挑選和審視伴侶。

和這個人交往，
對我有什麼用？

進入這段關係，
能幫我解決什麼問題？

她家能幫我解決戶口問題，要不要選她呢？

嫁一個有錢的老公，就沒人看不起我了。

我太孤獨了，談個戀愛會不會好點？

我太缺愛，應該找一個愛我多一點的。

確實，在親密關係裡，每個人都會有需求，都期待對方能滿足自己。

但我想鄭重地提醒大家，當我們身上有一個難解的問題，有一個巨大的缺口時，最好不要在伴侶身上找答案和彌補。

在我看來，這樣的感情觀是非常吃力不討好的。

原因有兩個。第一，

在一段" 解決問題式"的關係裡，為了得到那個答案，我們可能要忍受其他的不適。

我有一個朋友 A，從小生活在一個
"重男輕女"的家庭，她最匱乏的，
就是爸媽的重視和認可。

你喜歡他嗎？

談不上喜不喜歡。

畢竟和他在一起，我爸媽
就不會再嫌我沒用了，我
在家裡也有了話語權。

我兒子真棒！

為了彌補這個缺口，
她和情投意合的前任分了手，
和爸媽安排的相親對象結婚了。

有很多讓她難以忍受的生活習慣——

選擇這個伴侶，
確實讓她得到了爸媽的肯定，

可是與此同時，她也在這段
關係裡犧牲了很多。

還有她最不喜歡的"大男子主義"——

生完孩子，你還是不要
去上班了吧。

老公和她沒有共同的話題和興趣——

一會兒吃完飯去看電
影吧？新上的那部懸疑
片，聽說很好看。

甚至還會動手打人——

你一個女孩子家怎麼
愛看這些？我答應了兄
弟等一下要去喝酒。

這段關係，看似填補了她的人生缺口，
卻也成了她的枷鎖：

有沒有考慮和他分開?

不行啊,離了婚大家都會笑話我,爸媽一定會把我當成累贅吧。

壓抑了她的真實喜好,把她困在一種不舒服的感受裡,苦苦煎熬。

其實,仔細想想,我們自己的人生難題,真的依靠一段親密關係就能得到解決嗎?

這是我想分享的第二點——

他人和關係,都無法解決我們自己的人生難題。

我有一個來訪者,是一個單親爸爸,

他跟我說,自己和妻子一直都很恩愛,本以為兩人可以白頭到老……

沒想到，妻子卻突然跟他提出離婚。

老師，我覺得我們一直很
恩愛啊，沒想到連她也會
離開我、拋棄我……

在後來的諮詢過程中，我才慢慢瞭解
到，他曾經是一個留守兒童，爸媽一
年只能陪他十幾天。

一開始，
妻子還能體諒他內心的缺失，
滿足他的需求，

久而久之，也漸漸受不了這種
"不能離開老公視線"的相處方式。

老公，我要去上海出差兩
天，明早的飛機。

去這麼久，那我怎麼辦啊？
為什麼一定要你去，找別
的同事去不行嗎？

這是工作啊，哪可以商量。

當她發現，
老公把以前的情感缺失全
部壓在自己身上，把自己
當成"救命稻草"時，

她終於扛不住壓力，
逃離了這段關係。

對不起，我盡力了，真的給不了你想要的。

網上有一句話說：
我是來愛你的，不是來救你的。

聽起來有點冷漠，但不無道理。

除了我們自己，
沒有哪一個人、哪一段關係能
解決我們的人生難題。

帶著"解決問題"的執念進入關係，
反而可能把我們自己捲進新的困境。
無論是朋友 A，還是這位來訪者，
很多人都會把親密關係當成一種補償——

我本身不夠好，需要用親密關係來彌補。

但我想說的是，為了得到那一點彌補，
我們可能會過分要求對方，

也可能會過分降低自己的底線，
委屈自己的感受。

這樣"尋找彌補"的狀態，反而容易
吸引來不太健康的關係。

當然，我們都期待能擁有一個好的伴侶，
想用親密關係來治癒自己，
但前提是，我們自己也能解決問題，
自己也能滿足自己。

害怕自己沒錢，那就好好努力去賺錢；

發覺自己缺愛，可以學著多愛自己一點。

去讀書上課、去旅行散心、去諮詢療癒，
去做一切能拯救自己的事。

我知道這並不容易，但這也非常值得，
就像武志紅老師說的：

不要將你的人生答案、
你的幸與不幸都歸結到對方身上，

而是要歸結到另一個點——
你的內心。

當我們內心處於一個相對飽滿、相對
完整的狀態時，我們外在的各種關係，
才能變得更加親密、健康、持久。

面對"親密關係"這個課題，我發現，大家常常會有兩種困惑：一種是，我們和伴侶相處得並不愉快，卻常常因為這段關係"有用"，所以委屈自己，苦苦維持，無法自主地結束關係。

另一種是，一旦我們發現親密關係無法解決自己的問題，就會感到痛苦和不滿，進而頻繁更換伴侶，頻繁產生離開對方的念頭。

有這樣的困惑，是因為我們希望依靠親密關係，來解決自身無法解決的問題，來填補自己身上巨大的缺口。

但我不建議大家這麼做。

因為當我們本身有所缺少時，就很容易被捕捉、被誘惑，但卻難以和對方產生深度連結。

所以，當我們覺察到自己處在一個"缺少"的狀態時，要試著去培養"這是我自己的課題"的意識。

這很難，但我們可以慢慢來，慢慢累積自己的力量，去解決自己的問題。

PART 4 　親子關係

沒有回應，家也是絕境
淺談孩子的 "存在性焦慮"

前段時間，收到一位小讀者的留言。

慢慢老師，每次跟我爸爸說話，都會讓我覺得很難受……

爸，我喜歡畫畫，我給你畫一張吧？

好啊，你給我畫個 100 分。

可是，我想要畫人。

那你就畫你自己，拿著一張 100 分的考卷。

你要什麼樣子的呢？

無所謂，重點突出 100 分。

看到這條留言時，我很想抱抱這個孩子，才短短幾句對話，我就一下子理解了她說的那種 "難受"。

那種難受，是因為 "不被聽見"。

她在講 "畫畫"，爸爸在講 "100 分"。

她努力嘗試，想跟爸爸聊聊自己的愛好，

爸爸卻好像什麼也聽不到，
忙著表達自己的期待和要求。

遺憾的是，在很多家庭裡，

爸媽不願傾聽孩子說話，
真的是一個普遍存在的現象。

我看過一個綜藝節目，節目中讓孩子
走上舞台，把憋在心裡的真心話告訴
台下的爸媽。

不得不說，那簡直就是大型
的 "爸媽不聽話" 現場。

其中有一對母女的對話，讓我印象深刻，

因為那位媽媽給女兒的回饋，
就是很多家庭裡親子交流的典型。

為什麼我的努力
你從來看不到

第一種是"選擇性傾聽"。

女兒希望媽媽不要
只誇"別人家的孩子"——

媽媽
孩子不是只有別人家的好
你自己的孩子也很努力
為什麼你不看一下

媽媽卻選擇性地只聽到兩個字——努力，
並就此展開了一輪說教。

1. 培養好的學習習慣
2. 掌握好的學習方法
光有努力是不夠的

她完全聽不見孩子想要傳遞的情感：
媽媽，我需要你看見我，我想得到你的肯定。

第二種是"結論性傾聽"。

女兒希望媽媽
少一點打擊自己——

我說了我不適合激將法
你們老是在這裡打擊我
我就一定會覺得自己很差

媽媽對女兒的情緒不管不顧，
反而開始給女兒貼標籤。

我知道我一直在不斷地打擊你
因為我認為以你的性格
如果不打擊一下你
你可能就
有點飄

女兒張了張嘴，還想說什麼，
但最後還是選擇閉嘴，哭著跑下台了。

不得不說，這種“傾聽”真的太令人窒息了。

我有個朋友，現在都 32 歲了，
爸媽還是不願意聽他說完一句話。

比如最近，爸媽總是催他和老婆生孩子，

他跟爸媽坦承了自己目前的難處，
也講了自己養孩子的規劃。

爸媽，我和阿文都在事業上升期，
都經常加班，還要出差……

暫時不想生孩子，
過幾年再考慮吧。

結果，爸媽只聽到“不想生”三個字，
把他訓了一下午，

結論就是，他是個不考慮爸媽，
也不會經營家庭的“自私鬼”。

別人能生，你們就不能生？你
那些都是藉口，我是你爸，還
不知道你？

你就是太自私了！只顧
著自己快活，怕生了孩
子耽誤你們玩樂吧？

最後，他們又一次不歡而散。

不說了，我說再多你們也聽不進去。

武志紅老師說得很對：
沒有回應，家也是絕境——

尤其是對於孩子來說。

孩子對這個世界最初的看法，
都是由父母來建立的，

而孩子的心，又比大人要敏感得多。

當他們向爸媽傾訴，卻遭到反駁、
忽視甚至懲罰時，他們感受到的，
是一種強烈的情感忽視。

中科院心理研究所曾經對 1511 名兒
童做了一個問卷調查，結果發現：

在"身體虐待"、"情感虐待"、"性虐待"
和"忽視"這四大暴力行為中，

"忽視"導致兒童憂鬱、焦慮的可能性最大。

因為這種"忽視"正在告訴孩子：
沒人在乎你，你並不重要。

我曾經有一個來訪者，是一位剛上大學的
學生，被中度憂鬱症困擾

卻從不曾向家人求助，

直到有一次，我們聊到"寫日記"，
她才第一次提起自己的爸媽。

我爸媽喜歡偷看
我的日記。

她說，初中的時候，爸媽生下了弟弟，
願意聽她講話的時間越來越少，
給她的愛也越來越少。

爸媽，我沒有搶他
零食，我真沒有！

你這麼大個人，怎麼
不知道讓著弟弟呢？
太不懂事了！

她只能把這些不滿通通寫進日記本裡，
卻不料，日記被爸媽看到了。

不過，最令她難過的，
不是爸媽"偷看日記"這個行為，

而是他們看完，
不僅沒有聽見她的真心話，
反而找她"算帳"。

你這寫的都是什麼？
小小年紀就對家裡人
這麼多意見！

這麼不知道感恩，真
是養了個白眼狼！

從那以後，她再也不寫日記，
話說得越來越少。

還有一些孩子，因為不被爸媽"聽見"，
長大後，可能也會變成不懂傾聽的人。

兒子，媽最近一直在
看這部劇，很好看，把
我感動得不行……

哎，這樣的劇太
多了，都是沒營
養的苦情劇。

要我說，很多時候，
孩子"不聽話"都是源於爸媽"不聽話"。

不懂傾聽，就這麼成為家庭裡代際相傳的痛。

前面我提到了錯誤的"傾聽方式"，作為父母，我們應該怎麼做，才能更好地傾聽孩子呢？

我在網上看到，諮詢師陳松飛推薦過兩個小方法：

一是專注。

當孩子說話時，給孩子足夠的關注和時間，不要打斷，允許他表達，再適當地給一些積極的回應。

媽，我明天不想穿保暖褲去學校了！難看死了！

這可是你自己挑的款式哦，為什麼不穿呀，你跟媽媽講講？

二是放空。

放下自己原有的"慣性思維"，放下成見，不隨便評價孩子，真正聽見孩子在講什麼。

男同學笑我，說我這麼怕冷，不像男孩子。

那你怎麼看呢？也覺得男孩子不能怕冷嗎？

我也不知道，但我想試試不穿保暖褲冷不冷。

那好，明天就不穿啦，你自己感受一下。

很多時候，父母聽不見孩子的情緒和需求，
是因為我們總帶著"我是對的，我知道的
比孩子多"的執念。

放空這一切，我們才能好好聽孩子講話，

好好接納孩子的情緒，
成為孩子的"容器"。

對於孩子來說，他們的情感主要來自外界給他們的回應。

而父母作為孩子世界裡的"重要他人"，他們的忽視和敷衍，會讓孩子敏銳地感覺到：

原來，我沒有那麼重要。

久而久之，他們可能會開始攻擊自己，壓抑自己的想法和需求，陷入一種"存在性焦慮"中。

也有可能，他們會開始被動攻擊爸媽，表面順從聽話，實際上偷偷搞砸一些事情，疏離父母，拒絕再和他們溝通。

心理諮詢師武志紅老師說過：沒有回應，家也是絕境。

確實，只有當孩子被允許表達，也得到傾聽時，他們才能和世界產生真實的聯繫，他們的生命力才能伸展開來。

這股生命力，反過來，也能滋養到父母。

02
"爸爸說隨便買，我買了漫畫書他卻生氣了"
你給出的是自由還是偽自由

每次聊到給孩子多一點接納和自由，
總會有一些爸媽來問我：

"父母給孩子自由，孩子就能自覺變好嗎？"

在回答這個問題之前，我想先
分享一下前兩天聽到的故事。

一位媽媽在女兒考試前，
為了激勵女兒考上理想的大學，
給女兒許下一個承諾——

乖女兒，你要是能考上第
一大學，媽媽就給你 3 萬
元獎勵，讓你自由支配。

考試成績出來，女兒確實發揮得很好，
媽媽也按照約定，給了她 3 萬塊的獎勵。

以資鼓勵

可是，令這位媽媽生氣的是，
女兒竟然要拿這筆錢去買一個名牌包包。

你才多大，就這麼奢侈？
簡直太過分了！

是你說我有支配
權的啊……

媽媽陷入了糾結，不知道該不該
讓女兒留著這筆獎金。

我很能理解這位媽媽的糾結，

一方面，她想讓孩子"自由支配"這筆獎金，
另一方面，她又希望孩子自覺一點，不亂花錢。

在我看來，這種希望孩子用自覺來回報
的自由，其實是一種"偽自由"。

辦公室好幾個小夥伴，
都被這種"偽自由"坑過。

編輯小路

小時候，有一次跟爸媽去吃酒席……

隨便吃！想吃什麼
就吃什麼！

可是回到家，他們卻批評我
不吃菜，光夾肉。

開始幾次，我都不假思索選了先玩。

我想先玩！

後來實在受不了我媽失望的眼神，
只好識相地先去寫作業。

你這孩子，學習
太不自覺了！

下次我再聽到"想吃什麼就吃什麼"這句話，
都不知道怎麼下筷了。

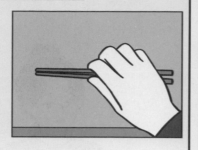

小助理

我媽也是，每次放學總愛問我——

寶貝，你是想要先寫作業，
再開開心心玩，還是想先
玩，再辛苦寫作業呢？

編輯阿茶

壓歲錢也是個坑！我爸說，讓我拿去
買點喜歡的玩意兒。

聽到我說要去書店，他還猛誇我懂事，可是看到我挑了兩套漫畫書，他臉都綠了。

這書看了有什麼用？我還以為你要買練習本呢。

從此，我對壓歲錢失去了興趣，也不再輕易相信我爸。

買這個，這個有用。

不得不說，他們的感受非常真實。

孩子是非常敏感的，面對父母想給又不給的"偽自由"，他們會有一種被欺騙的感覺。

大大方方地給你獎金，但你只能買我認為合適的東西；

允許你想吃什麼就吃什麼，
但你必須飲食均衡；

把"先玩還是先學習"的選擇權交給你，
但"先玩"是個錯誤選項；

鼓勵你多讀書，但漫畫書除外。

親子間的信任，會一點一點被消耗；
孩子的自主性，也會一點一點被破壞。

不僅僅是孩子，父母也會
因為"偽自由"感到挫敗。

前陣子，我的鄰居信心滿滿地說要給
孩子自由，不再催他、盯他做作業。

可是沒過多久，她就來找我訴苦。

唉……我家孩子最近的
作業，真是慘不忍睹啊，
老師都批評了好幾次了。

那以後多監
督他一下？

我以為不去催他，他就能自覺一點，把作業當成自己的事。

沒想到，他反而更拖延了，真讓我失望！

面對這種彆扭的困境，有沒有更好的解決辦法呢？我的建議是：

1.
父母放寬心，給孩子真正的自由。

"偽自由"是希望孩子如我所願，而真正的自由，是讓孩子如他所願。

很多父母都有過類似的感受吧。

當我們期待的"自由"和孩子的"自由"有落差時，我們就會陷入不安和憤怒。

就像前面提到的情況，父母既然答應了孩子，那就允許孩子不愛吃菜、愛看漫畫書、拿獎金買 LV 包。

當然，這是非常考驗父母的一個做法。

同樣身為父母，我能理解這種
"讓孩子自由生長" 帶來的不安。

2.
真誠地跟孩子溝通。
理解孩子的 "不自覺"，
也理解自己的 "做不到"。

聽到孩子想買 LV 包，
真誠地告訴孩子，媽媽在擔心什麼，

也去理解她的喜好和需求，
不要一開口就罵孩子虛榮。

如果我們無法給出 "真自由"，
也可以嘗試第二種做法——

我記得，小航去年生日，
老趙早早就 "誇下海口"——

兒子，今年的生日，你想怎麼過就怎麼過！

真的嗎？太酷了！

小航班上有 60 個同學，我們家根本容不下這麼多人……

而且每人都要 2 個氣球、1 個蛋糕。

所以，小航也徹底地"自由"了一回。

我爸說生日我最大，想怎麼過就怎麼過。

我家有好多氣球和蛋糕，大家都來玩！

為了不失信於孩子，我和老趙只能硬著頭皮上，

咬緊牙租了一間小別墅，一家三口打氣球打到半夜。

我以為他就要個機器人、去趟遊樂園呢！

沒想到這小子這麼好面子，全班同學都叫來……

別這麼評價孩子，這可是你讓他自由安排的，

下次你得實在點，少誇海口！

過完這個"盛大"的生日，我們三人以"以後生日怎麼過"為話題，開了一個家庭討論會。

老趙對小航的生日願望，進行了一些明確的限制；我也表示，不想再打氣球了。

最後，小航理解我們的局限，欣然接受了。

其實啊，世界上不存在永遠"一條心"的父母和孩子，我們總是會有分歧和衝突。

但我相信，在互相瞭解、彼此尊重的基礎上，我們的親子關係，一定會舒服很多。

很多育兒書和親子課程，都會提倡父母多給孩子“自由”。但我發現，很多爸媽在實踐的時候，常常有點“口是心非”：我不想強制你，我給你自由；但我又希望你跟我一條心，自覺地如我所願。

　　其實，就像心理諮詢師李松蔚老師講的：爸媽不強制孩子，但希望孩子自覺主動起來，本來就是一個悖論。

　　孩子自覺，就是聽從孩子自己的心聲。我們怎麼可能要求孩子在聽從自己的基礎上，又聽從父母呢？孩子是做不到的。我們要接受這一點。

　　當然，身為父母，我們也有很多“做不到”：做不到不管孩子作業、做不到允許孩子亂花錢，做不到心平氣和地看孩子打遊戲……

　　這些“做不到”也很正常，試著去坦然接受就行。

　　在理解孩子，也理解自己的基礎上，父母和孩子才能真誠地溝通，滿足彼此的需求。

大家好，我是慢慢。

嗯嗯。

剛剛碰到一對父子，正在買汽水。

你看老爸多好，不像你媽，從來不讓你吃薯條喝汽水。

老實說，這一幕讓我不太舒服，買汽水就買汽水，拉攏孩子幹什麼呢？

遺憾的是，"拉攏孩子"這件事在很多家庭裡，都普遍存在。

平日裡，不少爸媽習慣拉攏孩子。

你爸那個傢伙成天只知道忙，根本不願意陪你，只有媽媽帶你去玩。

吵架了，爸媽也希望孩子跟自己 "站在一邊" ……

爸，你別這樣……

你這孩子，怎麼幫你媽說話？！

就連和孩子開玩笑，都要問他——

要是爸媽離婚，你跟爸爸還是跟媽媽？

或許，有些爸媽會把這種 "拉攏" 當成親密，但在我看來，

問孩子 "你選我還是選爸爸／媽媽"，是家庭裡最糟糕的互動之一。

陳海賢老師提出過一個概念：夾心人。

在一段關係裡，如果一個人長期夾在中間，成為另外兩個人解決矛盾的工具，那他就是這段關係裡的"夾心人"。

而如果，這個"夾心人"剛好是家庭關係裡最弱小的孩子，那孩子很可能會陷入深深的困擾中。

我有一個來訪者跟我說，她就是爸媽之間的"夾心人"。

從小到大，爸媽每次吵架，她不僅要夾在兩人間勸和，還要負責"善後"：爸媽都會找她講對方的壞話。

你爸根本不在乎這個家！

你媽才是壞人！

尤其是媽媽，每次爸爸不在場，
她就會找女兒"傾訴"：

媽媽你別難過了，
有我在呢。

小到爸爸的小毛病，

你爸每晚都打呼，吵死了，
害我天天睡不好。

乖女兒，媽媽只有你啊，這
個家裡只有你理解媽媽。

大到他倆婚姻裡的矛盾。

你爸總是跟狐朋狗友
鬼混，都不在家，我
嫁給他幹嘛？

就這樣，小小年紀的她，
漸漸成了媽媽最忠心的"同盟"。

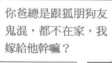

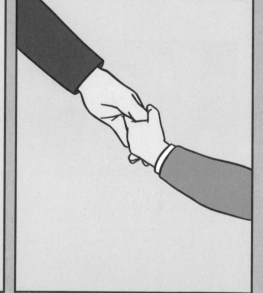

每次，她手足無措地安慰媽媽，
媽媽都會跟她說——

205

她跟媽媽站在一邊，
不跟爸爸講話，也不跟爸爸接近。

他們在吵架時，她會擋在中間，
怒視爸爸，保護媽媽。

你不許這樣說我媽！

甚至於，她很少喊他"爸爸"，
而是學著媽媽的語氣，
稱他為"那個老男人"。

都怪那個老男人，
讓媽媽不幸福，
讓我沒有家……

爸爸對此非常失望，也試圖拉攏她。

唉……你懂什麼啊，
居然和你媽一起孤
立爸爸？

其實，看到爸爸難受，
她心裡也不是滋味，

但作為一個孩子，她沒有足夠的
能力去判斷爸媽誰對誰錯，

她只能選擇站其中一邊，
去減少"被拉扯"的痛感。

可是這也意味著，她註定要
承受爸爸的失望，

我白養你了！

也漸漸壓抑住自己對爸爸的感情，
對父愛產生了"防禦性隔離"。

或許，爸爸也
是愛我的吧？

即使爸爸對她好，她也不敢接受，
好像接受了，就是背叛了媽媽。

我不愛吃這個。

而且，越長大她越覺得，"媽媽的同盟"
這個身份，一直束縛著她。

她的薪資，要交給媽媽保管；

你爸太小氣了，我多花 200
塊買件衣服，他都要說我

⇄ ￥ 10000
轉帳給媽媽

網路轉帳

她的假期，要用來陪伴媽媽；

你要是不回家，媽
媽跟那個老男人
吵架了怎麼辦？

哪怕她有了自己的小家庭，
也要留一間房給媽媽。

我女兒出息了，我再也不
用跟那個老男人住一起，
受他氣了。

無論她讀了多少書、
去過多少地方、賺到多少錢，

35 歲的她，依舊困在爸媽這段
難堪的關係裡。

她發現，
跟媽媽待在一起時，
自己會很累；

甚至覺得，媽媽也不是真的愛她，
只是把她當成傷害爸爸的工具。

她開始想逃避媽媽，
跟爸爸又始終親不起來，
在這個家裡，
她似乎成了最孤獨的那一個。

而這位來訪者爸媽的關係，會因為多了這個女兒"夾心人"而變好嗎？

沒有，他們的矛盾反而更深了。

正是因為父母不敢面對夫妻關係中的衝突，逃避解決兩人之間的矛盾，才會把孩子這個協力廠商拉扯進來。

長此以往，問題不僅沒有得到解決，反而被固化了，

把孩子夾在中間，夫妻兩人就沒辦法向對方靠近一步。

再說了，我們是成年人啊，無論遇到什麼傷害、衝突，我們的力量始終比孩子要大得多。

怎麼可以把這一份沉甸甸的責任，壓在孩子柔弱的肩膀上呢？

所以啊，無論是出於對孩子的保護，還是出於對夫妻關係的維護，我都非常不建議父母拉攏孩子，把孩子當成"夾心人"。

相反，我們要讓孩子知道，爸爸和媽媽，
有能力去解決兩人關係中的問題。

媽媽，你昨晚和
爸爸吵架了嗎？

嗯嗯，我們對於家務有一點
不同的看法，不過已經商量
好了，你不用擔心哦！

無論發生了什麼，
爸爸媽媽依舊會愛孩子。

我是慢慢，一個不需要"盟友"的
獨立媽媽。期待下次與你再見。

家庭治療師莫瑞·鮑恩曾對這種現象，提出了一個“三角理論”——在一段兩人關係裡，當他們無法處理問題和矛盾時，會很自然地利用協力廠商，來緩解雙方的情緒衝擊。

對伴侶來說，這個協力廠商常常是他們的孩子。

雖然說，孩子是夫妻之間最強的情感連接，但別忘了，孩子也是家庭中最弱小的角色。 當爸媽讓兩人關係中的焦慮成分“溢向”孩子，甚至想依靠孩子來幫忙解決時，孩子可能會出現兩種問題：

第一，他們可能過分早熟，變成“小大人”去提供安慰、建議或者懇求，以此來降低爸媽之間的衝突。

第二，他們可能會變成“問題兒童”，用自己的不當行為來吸引爸媽的“火力”。

也就是說，在這種拉扯的“三角關係”裡，夾在中間的孩子是極有可能成為犧牲品的。

他們是橋樑，是武器，但唯獨不是他們自己。

04 孩子太情緒化了？
如何應對孩子的 "敏感期"

曾經在網上看到一句很扎心的話：

孩子眼裡無小事，爸媽少說 "沒關係"。

我想起了朋友小寧。

小時候的她，在大人眼裡是個敏感難搞的小孩，總會因為一點 "小事" 而哭鬧。

不管是講了笑話沒人聽，

媽媽忘了帶她去公園，

還是被姐姐夾走碗裡的湯圓，

她都會哭得很厲害。

而爸媽總是說："一點小事就嚎哭個不停。"
有時還會拿出雞毛撢子嚇唬她，讓她別哭。

慢慢地，小寧學會了忍住不哭。

長大後，在一次心理諮詢裡，
她聊到了童年的這些"小事"，
諮詢師聽完後，點了點頭。

聽起來，這些都不是小
事，因為你當時的感受
就是很強烈的。

當時，她的眼淚一下子就流了出來。

小寧的故事讓我很感慨，
因為像她爸媽這樣的現象，
在中國家庭裡並不少見。

我就經常能看到這樣的留言——

"孩子只是不小心絆倒，
為什麼還是哭個不停？"

小寶的玩具被鄰居借走，晚上我就
拿回來了，怎麼她還在生氣？"

"騙兒子說媽媽要兩天不回家，
我已經解釋是假的，他還說要
跟我絕交……"

在收到這些提問時，我感覺每個家長
頭上都頂著一個大大的問號。

這些不都是
小事嗎？

為什麼孩子這麼
情緒化？

是不是太大驚小怪了？

在這裡，我統一回答：不是。
這些都是孩子敏感的表現啊。

作為一個 8 歲男孩的媽媽，
我很能理解為人父母的不容易，
但今天我還是想提個小建議——

當爸媽的，
要重視和保護好孩子的"敏感"。

我認為原因主要有兩個。

第一，
孩子的世界和大人的世界，
是非常不一樣的。

幼稚教育家蒙特梭利，曾經提出
孩子的"敏感期"這個概念。
大意是說，每個小孩，都會對早年的
生長環境異常敏感，
他們對外界的感知，要比成年人
更生動、具體、激烈。

就拿前面的留言來說——

大人摔倒了，重新站起來就好；
孩子摔倒了，疼痛是持久難忍的。

成年人的世界，東西有借有還很正常；
而當孩子的玩具被拿走時，失去的
感覺是很強烈的。

大人之間，偶爾的玩笑無傷大雅；

但對孩子來說，被欺騙時的難過，
可能會記一輩子。

所以你看，孩子，就只是孩子啊。
他們需要長時間的探索，來學會和自己
的情緒相處，用成人的標準來要求他們，
本來就不合理。

第二，珍視孩子的"敏感"，
對他的成長很有幫助。

當他的敏感被看見、被尊重、被回應，
他也就能真實坦然地表達自己，

而獨立健全的人格，正是在
一次次的表達自我中形成的。

就說我們家小航吧，他從小就護食，
3歲時，有次午飯，老趙夾走了他的
玉米餡餃子。

這原本只是一件飯桌上的小事，
但我看到他嘟著小嘴，又皺緊了眉頭，
還是警惕了起來。

你怎麼不開心啦？

爸爸拿了我的餃子，那
是我的，爸爸不能拿。

我又問他想怎麼做，他低頭想了一會兒。

爸爸，請你把
餃子還給我。

最後，老趙要把碗裡的餃子都給他，
但他還是只夾回了自己那個玉米餡的。

隨著年齡增長，他的邊界意識
也越來越清晰。

無論是同學要搶他的橡皮擦，
還是陌生人想摸他的肚子，
他都會理直氣壯地拒絕。

我可以把橡皮擦借你，
但你不能隨便拿走哦。

我想，正是因為他的敏感得到了重視，
所以才不會壓抑自己，敢於捍衛自己的邊界。

看到這，也許你還會問

"那到底該怎麼做，才能保護好
孩子的敏感呢？"

我們可以練習這兩個動作——

第一個是：
克制。

克制想要評判孩子的念頭，
少用"小事"、"玻璃心"、"記仇"
這樣的字眼。

如果非要說點什麼，
可以試著確認孩子的感受。

比如，當孩子因為你的失約而難過時，
你可以說——

媽媽忘記帶你去公園，你現在肯定很生氣，對不對？

第二個是：
允許。

允許孩子用他的一切方式表達情緒，
只要不傷害到他自己。

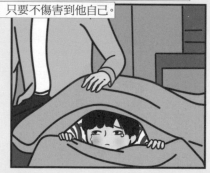

無論孩子是哭，是跟你吵一架，
還是獨自躲在房間生悶氣，
都可以陪著他，在他的世界裡待一會兒。

媽媽，我現在真的很不開心。

要做到上面這兩點，是很不容易的，
但也是很值得的，

因為這些對孩子敏感的保護，
會讓他們看見、肯定、尊重自己的感受。

只有好好尊重自己的感受，
他們才會有自信，去選擇過怎樣的一生。

美國心理醫生伊萊恩·阿倫在《發掘敏感孩子的力量》一書中指出："敏感是一種性格特點，不是什麼需要修正的毛病。對於養育者來說，接納、適應、順其自然就是最好的辦法。"

　　生活裡，經常能聽到家長對孩子說這樣的話："玻璃心"、"小題大做"、"沒事找事"、"真難搞"……

　　但其實，孩子的世界和大人的本就不同，我們眼裡的"無所謂"，在他們心裡可能很大很大。

　　孩子的世界裡，一片葉子、一次擁抱、一個注視，都是具體、生動的。而他們對世界的"敏感"，如果能被看見和珍視，那他們也能尊重自己的情緒，再坦然地表達。

　　最後，給大家分享一段我很喜歡的話："你和孩子只是有幸並肩行走一段路。你告訴他一朵花的名字，他告訴你花瓣的背面有一只蝴蝶。"

　　是的，不要錯過孩子眼裡的每一隻"蝴蝶"，這正是他們對世界的敏銳捕捉。

前兩天在後台，看到一條留言——

小小 X

你好，孩子今天跟我
説他不喜歡讀書，他
想變成小鳥，自由自
在。我要怎麼來引導
他喜歡學習呢？

我的建議是，最好別引導。

不知道大家有沒有發現，
每次父母越是著急地引導孩子，
孩子就越不想做。

越是催他趕緊做作業，
孩子就越是磨磨蹭蹭。

越是希望他性格能外向點，
孩子就越是害羞。

越是讓他少看點電視，
孩子就越趁你不注意時偷看。

怎麼電視還是熱的？

……

慢慢想說，
很多時候不是因為孩子不聽話、太叛逆，

而是我們當父母的，
對孩子的成長過度熱情了。

我小時候也"不聽話"。

小學五年級，我很愛看一部電視劇，
裡面的女主角是拉小提琴的。

她拉琴時，長長的頭髮被風吹起，
如同站在海邊的懸崖上，
看起來好酷。

在那一刻，我萌生了強烈的想學琴的念頭。

媽媽起初是不答應的，
但在我反反覆覆的軟硬兼施下，
她終於鬆了口。

學是可以學，但你以後學校
考試都要前三名，而且學琴
也不能半途而廢，每天晚上
都要練一個小時才行。

點頭

於是那段時間，我再沒看過電視。

放學後趕緊吃飯、寫好作業，
就開始專注練琴。

本來這是我自己喜歡做的事情，
但久而久之我發現，
媽媽對我學琴的熱情，也越來越高漲。

每天晚上媽媽不再去逛街，
而是待在家裡，盯著我練習。

還常常要求我快點升級，
參加各種小比賽。

我們當爸媽的，最重要的
是監督好孩子，你看我家
孩子學琴之後，我都沒跳
過廣場舞了。

但不知道為什麼，
我卻越來越不喜歡小提琴，

每次上課前都要磨磨蹭蹭，
晚上也找各種理由不願練習。

作業寫快點，待會
兒還得練琴呢！

我都說我沒空練了！
都快考初中了，能不能
讓我安心學習啊？

後來在上高中時，
我乾脆以學業加重為藉口，
徹底地放棄了這門樂器。

現在回想起來，
當時的我，有一個很深的感受。

我不再是為了自己練習，而是
為了讓媽媽滿意。

而且，我的琴練得再好，
好像也不是因為自己的努力，
而是媽媽日夜催促的結果。

漸漸地，在學琴這件事上，
我失去了價值感、成就感，
很難再感受到純粹的快樂。

我想說的是，在孩子的成長過程中，
不管是練琴還是讀書，

當爸媽的熱情超過孩子的熱情時，
很有可能會破壞孩子的動力。

不只是孩子，大人也是一樣，

當別人對自己的事情特別用心時，
也會削弱我們的主動性。

閨蜜阿麗本來打算去運動，
她的朋友知道後，非常主動地給她
各種建議，還按時監督她。

但她練了兩次，就再也不想去健身房了。

你一定要買這款鞋子，透
氣又彈性十足，很適合初
學者。有幾個課程特別有
用，你每週練 3 次……

老趙也是，

有時候，他正準備去晾衣服、做點家務，
我一催，他乾脆就躺在沙發上不起了。

老公，你怎麼還沒
晾衣服啊？

……

你看，無論小孩、大人，我們每個人
都希望能對自己的事情做主。

當我們充分體驗自己的感受，
充分表達自己的需求，
我們才能擁有"自體感"。

所以，當我們面對孩子時，
要保持一種覺察。

當別人過度干涉我們的
想法和計畫時，
為了維護"自體感"，
我們可能會拖延，甚至直接放棄。

警惕自己的熱情
超過孩子的主動性，

小心自己的感受
覆蓋了孩子的感受。

最關鍵的是，
我們可以給孩子多一點信心，
不必過分擔憂，也不必過分引導。

就像開頭留言的那位媽媽，
與其給孩子貼上"不愛學習"的標籤，
再想方設法地去引導孩子，

不如給孩子多留點個人空間，
讓他們能夠更"自主"地學習和成長。

媽媽，我看書上說，
世界上最快的小鳥，
一小時能飛 389 公里
超厲害的！

媽媽，你能不能再買
給我一本小鳥的書？

我以後想變成一個飛行
員，比小鳥飛得還快。

在這個過程中，
我們也無須那麼疲憊、那麼緊張，
不妨以一種"放鬆、觀察"的心態，
來欣賞一個生命的長大。

法國兒童精神專家克裡斯丁·弗拉維尼曾做過一個研究，她發現：經常被父母催促的孩子，長大後要麼成了“極度依賴型”，事事不主動，全憑家長安排；要麼成了“極度反叛型”，專門和父母的意見對著做。

　　在我看來，不僅僅是催促，父母過度熱情地引導孩子，介入孩子的生活，都會使孩子產生一種對抗的情緒。因為，孩子感受到自己的“自體感”被父母侵佔和破壞了。所以，父母想跳出“孩子越催越廢”的怪循環，最有效的方法就是，在自己和孩子之間設立一些界線，尊重孩子的個人空間。

　　父母願意鬆鬆手，孩子的生命力才有機會得到伸展。關心和愛，就會在彼此之間流動。

抱住棒棒的自己：和情緒對話，與焦慮和解，
你也可以從自我中獲得力量【22 個心理諮詢
案例漫畫】/ 徐慢慢心理話著．繪．-- 初版．
-- 新北市：幸福文化出版社，遠足文化事業
股份有限公司，2023.08
　　面；　公分
ISBN 978-626-7311-43-1(平裝)
1.CST: 自我肯定 2.CST: 自我實現 3.CST:
漫畫
177.2　　　　　　　　　　112010692

抱住棒棒的自己

和情緒對話，與焦慮和解，你也可以從自我中獲得力量
【22 個心理諮詢案例漫畫】

作　　　者：徐慢慢心理話
繪　　　者：徐慢慢心理話
監　　　製：武志紅
責任編輯：梁淑玲
封面插圖：ArtUma88
美術設計：王氏研創藝術有限公司
內頁排版：王氏研創藝術有限公司

總　編　輯：林麗文
副　總　編：梁淑玲、黃佳燕
主　　　編：高佩琳、賴秉薇、蕭歆儀
行銷總監：祝子慧
行銷企畫：林彥伶、朱妍靜

出　　　版：幸福文化出版社／遠足文化事業股份有限公司
發　　　行：遠足文化事業股份有限公司（讀書共和國出版集團）
地　　　址：231 新北市新店區民權路 108 之 2 號 9 樓
郵撥帳號：19504465 遠足文化事業股份有限公司
電　　　話：(02) 2218-1417
信　　　箱：service@bookrep.com.tw

法律顧問：華洋法律事務所　蘇文生律師
印　　　刷：博創印藝文化事業有限公司
初版一刷：2023 年 8 月
定　　　價：450 元